―日中国交正常化45周年記念出版―

李徳全

日中国交正常化の「黄金のクサビ」を打ち込んだ中国人女性

石川好［監修］
程麻・林振江［著］
林光江・古市雅子［訳］

日本僑報社

日本語版刊行によせて

石川 好

二〇一四年一〇月上旬、旧知の中国人羅悠真氏から分厚い新聞のコピーを見せられた。それらは日中が国交正常化（一九七二年）する一八年も前の一九五四年一〇月三〇日の多くの全国紙であった。その見出しは、李徳全という中国紅十字会会長の訪日を伝えることなのだが、彼女が日中戦争の後、中国にとらわれていた一〇〇〇名余りのB・C級戦犯名簿を携え、これらの人々を速やかに帰国させたい、という内容であった。見せられた新聞の日付から数えて六〇年前に、そのようなことがあったことを知り、わたしはこの訪日団を詳しく理解したいと考え、戦後の日中関係史に係わる何冊もの書物を読んでみたのだが、ほとんど触れられていないことに驚いた。

どうしてこれほど重要なことが戦後の日中交流史で忘れられてしまったのか。そう考えわたしは世論を喚起すべく同年一〇月一六日の読売新聞「論点」に「日中交流の扉を開く──李徳全氏。一九五四年の訪日」と題し、次のような文章を書いた。

日中関係は、国交正常化以来最悪の状況であり、一一月一〇日に開催される北京のアジア太平洋経済協力会議（ＡＰＥＣ）で首脳会談はできるのかが問われている。

そのような中、六〇年前のある出来事を紹介したい。日中が国交正常化する一八年前の一九五四年一〇月三〇日、読売新聞夕刊一面トップは「李徳全女史、今夕入京」という見出しで、中国紅十字会の李徳全代表の訪日を伝えている。訪日の目的は一般人の引き揚げがほぼ完了した後も、中国にとらわれていた一〇〇〇人余りのＢ・Ｃ級戦犯名簿を携え、これを速やかに帰国させたいというものであった。

当時、日本は中華人民共和国を承認しておらず、受け入れ先は日本赤十字であった。団長が新中国で最も著名なキリスト教徒である李徳全氏、副団長は日本語の堪能な廖承志氏、通訳として後に駐日大使となる楊振亜氏と、名通訳と言われた王効賢氏。

中国は朝鮮戦争の傷もいえ、国内がやや安定したころで、これから積極的に対外関係構築に向け動き出そうと、この年の春、中国対外友好協会を設立していた。そのような年、周恩来首相の支持による、新中国が送る初めての訪日団であった。

一行は翌一〇月三一日、日赤を訪問し、戦犯生存者名簿を渡した。戦争が終わり九年。東京裁判はすでに終わっていたが、中国で裁かれたＢ・Ｃ級戦犯の消息はわかっていなかったので、その生存者名簿が公表されると、留守家族達が訪日団の宿泊先まで駆けつけ、李氏が拘留中の父親に代わって小さな女の子を抱きしめる写真が新聞各紙に掲載されている。

一行は十四日間滞在し、日本各地を訪問。この間、廖承志氏は関西で多くの経済人と議論を行った。とりわけ高碕達之助氏との話し合いが進み、両氏の頭文字をとった、有名な「ＬＴ貿易」

の基盤ができるのである。

日本は台湾を中国政府としていたため、李氏一行らは、日本政府関係者とは公式に会うこともなく帰国するのであるが、新中国が設立して初めての訪日団は、新中国のイメージを一新するものであった。

このように、戦後の日中交流は、中国側が戦犯者を日本に帰還させることから始まっていることを忘れるべきではない。

それにしても、なぜ、戦犯とされた一〇〇〇人前後の生存者が無事帰国できたのであろうか。それは、李徳全という、当時中国で最も著名な女性が動いたからであった。李氏の夫は馮玉祥。蒋介石と戦った西北軍閥の将軍で、夫人の影響もあってか、「クリスチャン・ゼネラル」と呼ばれていた。ちなみに、馮将軍率いる西北軍には、共産党員の習仲勲（習近平主席の父）が若き兵士として参加している。

来年は第二次世界大戦終結七〇周年。それゆえ、日中は歴史認識を巡って、大きな論争の中にあるはずだ。それならば、なおのこと、日中国交回復の端緒の一つにもなった李氏の遺徳をしのび、李氏が帰国させた人々の留守家族による訪中団などの事業を計画してはどうだろうか。日中の関係改善の一助となるだろう。

この文章は、中国語に訳され、李徳全一行の中国側通訳として同行していた後に名日本語通訳と呼ばれる王効賢女史の目に触れることとなる。王効賢女史は六〇年前のこの訪日団を知る最後の人物なのであった。また、この文章がきっかけで日本において、李徳全女史の孫にあたる冒頭で述べた羅悠真氏らと共に山の上ホテルで、キリスト教関係者らを含む約七〇名が集い、ささやかなフォーラムを開催し、李徳全の功績を讃えた。

そこには中山泰秀外務副大臣（当時）と、伊藤忠彦環境副大臣も参加していたこともあり、伊藤忠彦氏が「これは政府としても、何らかの意思を表明すべきだ」と発言され、同年十一月五日、外務大臣岸田文雄氏が日本政府として初めて、「李徳全一行が果たした役割に感謝する」と述べたのであった。本書の書き出しは、そこから始まっている。

中山泰秀氏にしても、伊藤忠彦氏にしても、若い政治家が、この一件を知り、ただちに行動し岸田大臣発言を引き出し、そのことで政府が正式に感謝の言葉を六〇年ぶりに表明したのであった。こうしたことを北京大学の林振江教授が知ることとなり、中国社会科学院の文学研究所教授程麻氏にこの一件を話したところ、程教授は、日本人と中国人の共同作業として、二人で詳しく調べ書いてみようと決心され、二人は日本に来て、多くの資料を集め、中国においても、資料の乏しい李徳全の足跡を追い共著として完成したのが本書である。

今年（二〇一七年）は、日中が国交正常化して四十五周年の節目の年である。その記念すべき年に日中関係が正常化する十八年も前の秘話が日本と中国において出版される。何か歴史の因縁を感じさせるものがある。李徳全は、日中国交正常化が田中角栄と周恩来の手によって成される一九七二年九月三〇日、その五ヶ月前の四月二十三日に亡くなっている。李徳全は日中国交正常化のために「黄金のクサビ」を打ち込みながら、それを知ることもなく天に召されたのであった。

本書の刊行に当たって、これを執筆された程麻氏と林振江氏、そして日中の資料集めに協力された東京大学の林光江教授、さらに北京大学で教鞭を執る古市雅子准教授の協力があって、本書は日本の読者の目に触れることとなった。翻訳者は林光江氏と古市雅子氏。お二人にしてみれば専門外の内容でもあり、翻訳に苦心されたと思われるが、その努力もあって日中関係について多くの書物を刊行している日本僑報社からの日本語版刊行であることも付言しておきたい。

本書の刊行により、忘れられた「李徳全訪日団」の物語が、広く日本に知られることを願っている。本書の中国版のタイトルが「日本は李徳全を忘れない」でもあるからだ。著者である程麻氏と林振江氏は、本書を執筆する過程でこの言葉を日本の読者に贈りたかった、と思われるのである。

日本語版まえがき

今から三年前、北京でのＡＰＥＣ開催を控え、約二年半ぶりの日中首脳会談が実現するかどうかに世界の注目が集まっていた頃、わたしは元日中友好二一世紀委員の石川好先生から、あるアイディアをうかがった。中国紅十字会会長として戦後初の訪日団を率い、中国在留日本人の引き揚げに尽力した李徳全という女性がいる。彼女のおかげで中国に拘留されていた日本人Ｂ・Ｃ級戦犯の帰国が実現したのだ。その功績を記念して、日本人戦犯が帰国の途についた天津港で、ゆかりの人々とともに集まり安倍首相をお迎えしたらどうだろう。もし習近平主席が天津で安倍首相を出迎え、双方が固い握手を交わし、ともに北京入りすることができたら……。夢のような話であるが、こんなシナリオが実現すれば、双方が振り上げた拳を収めるよい舞台になるだろう。

そうするうち、李徳全の訪日は、日中関係の困難な時期においても日中双方が受け入れられる共通の明るい話題になるだろうという確信が生まれ、日本の資料にあたり始めた。ところがこれほど大事な出来事であるのに、専門的な研究は数えるほどしかない。さらに六〇年を経て、当時を知る人も段々少なくなっていく。このままでは日中関係史の中で忘れられた存在になってしまう。わたしは、戦後日中関係の端緒を開いたこの出来事を今のうちに書き残さなくてはという気持ちに駆られ、日本研究の分野で有名な中国社会科学院の程麻先生に相談をもちかけ、日中合作で本の形にすることとした。程麻先生を約一ヶ月日本に招待し、中国問題にあかるい日本の政治家や学者を訪ねて意見を伺い、国会図書館や日本赤十字を訪ねて資料収集にあたった。それからは毎週のように膝をつきあわせ、当時のそして現在の日中関係について意見をぶつけ合い、日本人の考え方、中国人の考え方を論じ合いながら執筆を進めていった。

李徳全は一九五四年一〇月三〇日、中華人民共和国からのはじめての賓客として羽田空港に降り立った。敗戦国である日本はまだ多くの国民を海外に残していた。当時日本は台湾と国交を持ち、中華人民共和国を承認していなかったため、現地に残された日本人居留民の引き揚げには「中共」の特別な配慮を必要としていた。特に、戦犯として中国に収監されていた日本人については生死も分からぬ状況が続いていた。

彼女はそのB・C級戦犯一〇〇〇余名の名簿を携えて日本を訪れたのである。戦犯の留守家族をはじめ関係者からは大きな期待が寄せられたものの、その訪日は大きな危険と隣り合わせだった。新中国からの平和の使者に対して、反共主義者から危害を加えられたり、アメリカ、台湾からの横槍で身柄を拘束されたり、拉致されたりする可能性すらあった。しかし李徳全の親しみやすい風貌や、キリスト教を背景にもち聖母を思わせる穏やかな所作、そして弁舌さわやかな語り口は、日本人の「中共」に対するイメージを一新させ、日本中を感動の渦に巻き込んでいった。

また、この訪日には日本生まれで日本通の廖承志が同行し、日本の財界人とも意見交換を行っていた。特に、鳩山内閣入閣前の高碕達之助との話し合いは、のちに両者の頭文字をとった「LT貿易」という形となって日中貿易の道を開き、一九七二年の日中国交正常化へとつながるのである。その根底には、周恩来総理の「以民促官」という対日方針が一貫して流れている。政府間の交流がない中で、民間の力を用いて困難な時局を打開し、日中関係の改善を図っていったのである。

この度、石川好先生、日本僑報社 段躍中氏のご協力により日本語版が出版されることとなった。日本と中国、両国の人々が李徳全の訪日という歴史的な出来事をお互いに見つめなおし、今こそ民間の力を活用し、双方が歩み寄るきっかけになれば望外の喜びである。

二〇一七年五月　北京大学にて

林 振江

もくじ

上編　李徳全はじめての訪日、外交の表舞台へ

下編 李徳全と馮玉祥

李徳全

日中国交正常化の「黄金のクサビ」を
打ち込んだ中国人女性

序章　歴史のコマを巻き戻す

一・日本政府と民間からの再評価

二〇一四年一一月五日、衆議院外務委員会においてひときわ目を引く場面があった。質問に立ったのは自由民主党の伊藤忠彦（一九六四―）議員、岸田文雄（一九五七―）外務大臣がそれに答えた。

伊藤議員の質問は、作家・評論家である石川好（一九四七―）氏が読売新聞のコラム「論点」に書いた「日中交流の扉を開く」という一文によって初めて知ったという、ある出来事についてであった。それは六〇年前の一九五四年秋、李徳全（一八九六―一九七二）という一人の女性が中国紅十字総会の代表団を率いて、中華人民共和国建国後はじめて日本を訪問したという歴史的事実である。伊藤議員はこの出来事のいきさつを知り深く感動したと言う。そして「終戦後の日中間の交流は、まさに中国側が、民間人、戦犯となられた方々を日本に帰国させることから始まったといっても過言ではありません。その際、一九五〇年代に李徳全という一人の女性が大きな役割を果たしていたわけでございます」と述べた。

伊藤忠彦氏が石川好氏の文章に共鳴したのは偶然ではなかった。二人はともに日中関係に関心

石川好氏

伊藤忠彦議員

が深く、両国の友好事業に心血を注いでいる忘年の友なのである。石川氏は伊藤氏より年長で、一八歳でアメリカに移民し、かの地で五年働いたのち帰国。もっぱらアメリカを題材にした著作で名を馳せていた。石川氏は五〇歳前後になって突然、近隣の大国――中国の状況について自分が何も知らないことに不安を覚え、中国を旅行することに決めた。中国を訪れる回数が増えるに従い、見識も深まっていった。それにつれて、発展著しい大国としての中国を無視するわけにはいかない、真剣に友好的に付き合っていかなければいけない、と感じるようになった。そこで日中友好二一世紀委員会の日本側委員などを務め、日中両国が平和的につきあえるよう政治活動に貢献することとしたのである。石川氏がはじめて中国の民衆の前に姿をみせたのは、二〇〇二年「日本年・中国年」活動において日本側執行委員会副委員長として「人民網（人民日報が主宰するインターネットサイト）」が組織した「中日フォーラム」である。彼は発言の中でこのように述べた。日中両国はきってもきれない関係にあり、これからますます深く広く発展していくにつれ、問題もたくさん出てくるだろう。しかし問題が出てきたとしても心配する必要は無い。大事なことは、問題が発生した時に双方がいかに根気強く冷静に相手を理解するかである。お互いを理解しあい問題を解決すれば、にらみ合いや戦争までに発展することはない。だから将来において日中関係に最も重要なことは両国政府と民間が長期にわたって共同作業を行える道を模索し、確立することである。石川氏はこのような例を挙げている。日本が新幹線の線路を作り上げるのに数十年かかったように、日中両国政府と民衆の間でもこのような共同建設プロジェクトを見つけ、作り上げることである。そうすれば長期にわたって友好は続くと。二〇一〇年、石川氏は日中両国の間で奔走していた。中国側との共同で、北京の中国人民抗日戦争記念館と南京の南京大虐殺記念館で、日本人漫画家一〇〇人による「私の八月一五日展」を開いたのだ。この展覧会は中国の観衆に好評だっただけでなく、日本の村山富市（一九二四―）元首相率いる日本の政治家代表団からも称賛された。伊藤忠彦氏はいわゆる「新世代」の政治家であり、当時この代表団にも参加していた。

二〇一三年八月、石川氏は中国の新聞『環球時報』のインタビューの中で「現在日本人の多くは当時の中国における戦争が侵略的な性質を持っていたと認めているが、一部の人は認めようとしない。このような人々の存在によって、中国が日本は侵略の事実を認めていないと考えるのであり、これは実に不幸なことである。」と答えている。このため石川氏は自分の誠実な言論と実際の行動によって、侵略の事実を認めない人々の声を弱め、また日本の民衆が当時の侵略戦争を見つめ直すべきだと表明している。

この前にも伊藤忠彦氏は日本の「北京オリンピックを支援する議員の会」に参加しており、志を同じくする国会議員たちと二〇〇八年のオリンピックに対し声援を送っていた。伊藤氏は日中政府間の外交活動強化に情熱を傾けていただけでなく、日中間交流を深めようという日本の民間の声も非常に重視していた。これは日本の若手政治家の中でも独特の慧眼を持っていたといえよう。彼は国会答弁の形で石川氏の文章とその観点を広く知らしめ、後輩の政治家として歴史的知識を深めるべきだという謙虚な態度を示し、「徳を以て恨みに報いる」中国の度量を日本の民間と政府に知らせる意図があった。今こそ李徳全を思い出し、歴史を鑑とし、現在の日中関係の膠着状態を打開する方策を探し求めるのである。

日本政府はどのように回答し、日中両国関係のこの史実を評価したのであろうか。議事録によれば、岸田文雄外務大臣は一九五四年李徳全訪日に関して承知していると述べ、「中国の赤十字会会長として来日され、そして日本赤十字社との間で覚書を交わし、そしてこれが、その後、日本人の引き揚げが本格化していく契機になった」と補足している。岸田大臣はまた、中国の赤十字代表団の来訪は、廖承志（一九〇八—一九八三）と高碕達之

岸田文雄外務大臣

助（一八八五―一九六四）との間のいわゆる「LT貿易」のはじまりとなったと述べ、「これを通じて拡大した民間の経済関係が日中国交正常化の背景の一つになったという意味で、この李徳全女史の訪日、これは日中関係の大きな筋目であった」と語っている。続いて、日中関係史の筋目となるこの重要事をどのように評価するかと質問された岸田大臣は次のように答えている。

李徳全氏を初めとする訪日団が、日中国交正常化前の段階において、日本人引き揚げの促進に大きな貢献をされたこと、このことについては、私としましても、感謝、そして敬意を表し、申し上げなければならないと考えます。

日中間の民間交流、これは当然のことながら望ましいことであり、さまざまな交流あるいは対話が積み重なることによって日中関係全体の改善につながっていく、このように確信をいたします。李徳全氏のこの貢献、これは、そうした交流の大きな前例となるものであると考えます。

私としましても、この李徳全女史を含む先人たちの精神をしっかりと受け継ぎながら、さまざまな分野、レベルでの対話、交流を積み重ね、そして、より高いレベルでの対話につなげていくべくしっかり努力をしていきたいと考えます。

中国には古くから「逝く者は水のごとし」という言い方がある。時の流れにより、歴史が重視されなくなり、いにしえの記憶は薄れていくという意味である。李徳全率いる中国紅十字総会代

伊藤氏・石川氏らによる李徳全の墓の訪問

表団の初訪日についても、石川好氏の年代の日本人にとっては記憶に新しく、李徳全が中国に抑留されている日本のB級、C級戦犯の名簿を渡した後、戦犯の家族が次々と訪日団の滞在先を訪れ、抑留中の父親の代わりに李徳全が少女を抱きしめる姿を新聞各紙が報道したことなど、詳細を覚えている。しかし岸田文雄氏らの年代の反応は、外交辞令で非の打ちどころがなく、政府が歴史を尊重するという姿勢を表明してはいるが、いささか空洞化し形式的であると言えなくもない。さらに若い「新世代」の伊藤忠彦は政府に過去を忘れてはならないと提起するもので、日本で歴史的意識が薄れている中で、若い世代が真実を求める切実な願いを表している。李徳全の訪日の歴史に共鳴する石川好氏と伊藤忠彦氏は二〇一五年一月、再び中国を訪れ、日本大使館の遠藤和也公使とともに、木寺昌人大使からの献花をもって北京の八宝山にある李徳全の墓を訪れ、その後、中国人民抗日戦争記念館を参観し、国会議員として戦後七〇周年にあたり中国の人々と向き合った。

中国に「水を飲む時に源を忘れず」「前事を忘れず後事の師とする」といった観念があるように、伊藤氏や石川氏のような日本人も、昨今の日中関係の順風ならざる様々な事柄を処理する上で、六十年前の事を回顧し、歴史を振り返ることが必要だと理解している。すなわち「故《ふる》きを温《たず》ねる」ことによって「新しきを知る」のである。日本の民間と政府が絶えず中国紅十字総会代表の訪日を話題にし、李徳全が日本の各界にとっていまだ魅力を持ち続ける理由がここにあるのだ。

二. 李徳全の訪日が日本を興奮の渦に

戦後日本の人々が中国新政府の外交政策とその処理方法について受けた最初の印象は、中国における日本人居留民と戦犯の引き揚げを進める中で得たものである。この歴史的めぐりあわせにより、かつてキリスト教徒であり、新中国政府初代の女性大臣であり、伊藤忠彦氏によって「勇気ある女性指導者」「勇気ある使者」と呼ばれた李徳全は、日中外交関係の最前線に立つことになり、日本の民間と政府が注目し熱く語った、新中国の象徴的な人物となったのである。

新中国成立前後、中国に残った日本人居留民は三万余おり、この他に、中国共産党の軍隊に収監されていたり、ソ連から中国に送還されたりした日本人戦犯が一千人余りいた。これらの日本人をどのように扱うかについては、日本とまだ外交関係のない新中国政府にとって、なんとか解決しなければならない外交問題であった。

一九五〇年一〇月、中国政府の初代衛生大臣であり中国紅十字総会会長を兼務する李徳全はモナコで開催された赤十字社連盟理事会に出席した。一行は周恩来（一八九八—一九七六）総理の指示により会期中、日本赤十字社の島津忠承（一九〇三—一九九〇）社長との接触を試み、日本人居留民の帰国について協力するという意向を日本側に示した。日本赤十字社の代表団がこの知らせを日本に持ち帰るや、各界の人々、特に居留民の家族の間で大きな反響を呼び、大きな吉報として社会に伝わった。

新中国の建国に呼応して、当時中国との友好と平和を望む人々が「日中友好協会」と「日本平和連絡会」を相次いで設立した。これら二つの民間団体は日本赤十字社とともに、日本政府と交渉にあたり、政府が船を仕立てて日本人居留民の引き揚げを実現することに同意してもらいたいと要求した。一方、中国政府は一九五二年一二月一日「新華社記者の問いに答える」形で、中国政府は一貫して、帰国を希望する日本人居留民の引き揚げに協力する用意があることを表明した。日本側が船の用意をするならば、日本側の関連民間団体が中国を訪れて中国紅十字会と具体的な話し合いを行うことができると述べた。その後日本政府は、民間三団体が中国を訪れ、日本赤十字社の島津忠承社長を中心として、中国の各方面と居留民の引き揚げにつき会談を行うことに同意した。中国側の要請を受け、日本の三団体は一九五三年一月二六日羽田発、香港経由で北京へ到着した。

日本側との会談を行うために、中国側は六名の代表団を組織した。廖承志には中国紅十字総会顧問の身分で協力させ、それ以外の団員はみな中国紅十字会の主要メンバーであった。このほかに専門の連絡、接待、翻訳人員を手配し、「中国人民救済総会」からも臨時のスタッフを出した。

中国代表団団長・廖承志、副団長・伍雲甫は北京で日本の民間三団体代表団を歓迎し、宴を催した。二月一五日、二〇日、二三日に双方は三度、正式会談を行った。周恩来総理はその精神を指示し、中国側首席代表である廖承志は会談で次のように述べた。中国はすべての帰国希望者の引き揚げに協力する。中国側は日本人居留民の出国に関する準備をすでに終えており、出国前に必要な旅費、食費、宿泊費を中国側が負担する。中国側の寛大な態度と周到な優遇措置は、日本の三団体から逐次東京に伝えられ、またメディアを通して会談の進捗が全国に伝えられ、日本の民衆からは良好な反響を得ていた。これが奏功して、引き揚げ船派遣問題について日本政府の承諾を得ることとなった。三月五日日中双方は最終合意に達し、三月下旬から、日本人居留民引き揚げのための日本政府派遣船舶を中国の指定の港に到着させ、帰国を希望する三万二千人の居留民を約二年の間にすべて日本に帰すことを決めた。日中双方は日本人居留民帰国問題に関する共同コミュニケに署名し、日本代表団は三月六日に帰国した。

日本が派遣した「興安丸」「白龍丸」「高砂丸」は三月二二日、天津に到着し、第一次帰国者を乗せた。中国で過ごした長い歳月の中で、日本人居留民のうち、ある者は中国人と結婚し子をもうけ、ある者は中国人に育てられていた。彼らは常に一緒にいた中国の親しい友との別れにあたって皆いつまでも離れがたく、頭を抱えて泣く者もいれば、お辞儀を繰り返し、永遠に恩義に感謝しますと伝える者もいた。これらの船が京都北部の舞鶴港に到着した時、帰国者は家族や新聞記者からの盛大な歓迎を受けた。彼らは長いあいだ離れていた人々に再び会えたという、溢れんばかりの喜びだけでなく、中国での体験とともに中国の民衆と政府に対する深い感謝を切々と語った。このような日本のメディア報道は瞬時に広まり、これまで聞いたこともなかった新中国の情報を日本の大衆に知らしめた。新中国に対する好感がにわかに高まり、空前の「中国ブーム」

興安丸

が起きたのである。
　中国による日本居留民帰国協力という友誼の心に報いるため、当時参議院議員でもあった真宗大谷派（京都東本願寺）函館別院住職・大谷瑩潤（一八九〇―一九七三）らは日本人居留民引き揚げ用の船を利用して、戦時中に秋田県花岡鉱山などで強制労働に従事させられ亡くなった中国人の遺骨七〇〇〇余柱を、数回に分けて中国に送り届けることを提案した。この後、三〇〇〇余柱の遺骨が一九五三年六月と八月に天津港に到着、廖承志と二〇〇〇名以上の中国人が港で遺骨の受け取りを行った。それは悲壮と友好が入り混じった壮大な場面であった。
　日中両国の民間がこのような交流を行っていた頃、中国紅十字総会の人道主義的措置の功績に感謝するため、一部の地方議員らが同会の日本招聘を政府に提議した。実のところ、これ以前にも島津忠承氏は北京会談の期間中に、中国側にこのよ

日本人居留民の帰国を歓迎する光景

うな招請をしていたが、帰国後日本政府の許可が遅々としておりなかったのである。一九五四年五月末、「中国紅十字会代表招請に関する決議」が衆参両院で可決された。これを受けて日本政府は、日本赤十字社が中国紅十字総会に訪日要請を出すことに同意した。こうして李徳全率いる紅十字総会代表団は一九五四年秋、日本への初来日を果たすこととなった。

中国紅十字総会訪日代表団は李徳全が団長、廖承志が副団長となり、全一〇名で組織された。出発の前日、周総理がメンバーに接見した。周総理は当時の日中関係の複雑さをよく理解しており、代表団の任務は、中国人民は日本の人々と長期にわたって友好関係を築き、共に戦争を防ぐことを望んでいると日本の各界に説明することであると指示しこう言った。「君たちが東京に到着しさえすれば、それがすなわち勝利だ」

一九五四年一〇月三〇日、中国紅十字総会代表

団は「新中国はじめての民間使節」という身分で、香港経由、羽田空港に到着した。日本の各界代表者四〇〇名以上がターミナルに押しかけ、その外にも約三〇〇〇名の民衆が歓迎のために集まっていた。

見た目おおらかな李徳全団長は空港でスピーチを行い、「我々のこの度の訪問は、日中両国の民間の相互友好交流が新たな発展を迎えたことを表しています。また同時に両国人民がお互いにより深く理解することを促すものであります」と強調した。廖承志副団長は記者の質問に対し、みごとな東京弁で答え、魯迅の言葉を引用し、こう語った。「もともと地上には道はない。歩く人が多くなれば、それが道になるのだ。我々が歩み続ければ、日中友好の道は自ずと開かれる。」これらの言葉はその場に居合わせた人々の大きな歓声を呼び起こした。その晩は日本の三団体が中国紅十字会代表団のために数百名が参加する盛大な宴会を催した。

中国紅十字総会代表団は一四日間という短い日程で、東京、名古屋、京都、大阪など六都市を訪問し、各地で大歓迎を受けた。代表団は民間の人々と広範な接触を行ったほか、衆参両院の議員も歓迎宴を催し、代表団と会見する官僚もあり、新中国の代表団と日本の上層部や高官が接触する先鞭をつけた。かくも盛大に外国からの賓客を迎えるのは戦後はじめてのことだと、日本の各界も評価していた。

三．李徳全——中国女性指導者の風格

日本人居留民の帰国協力の件では、特に中国紅十字総会代表団はじめての訪日行程の中で、民間から政府にいたるまで、人々の視線は期せずして、新中国の女性大臣であり慈善事業家でもある李徳全という人物に集まることとなった。当時彼女は中国紅十字総会会長の身分で訪日代表団を率いており、自ずと日本の各界が注目する焦点となった。

李徳全は新中国設立初期の政府の中で、共産党員でない、ごくわずかの女性幹部の一人であった。初代衛生部大臣であり、中国紅十字会総会の初代会長でもあった。衛生、教育、慈善活動等、社会福祉事業で活躍し、また当時の世界の舞台に、新中国の文明的、平和的、人道的なイメージを示す象徴的な人物であった。李徳全は若いころから慈善事業に携わり、中国共産党と長期にわたって協力関係にあったため、のちに新中国で紅十字会事業の基礎を確立したのも当然の事といえる。

欧米の慈善家は衣食に憂いのない名家あるいは財閥や富豪であり、財力などの有利な条件をもちいて社会救済活動を行っているが、李徳全は苦難に満ちた近代中国の中で、衛生、教育、慈善

事業など社会福祉の道を歩んだのであり、その精神的原動力となっているのは自らが貧民の家出身だということで、幼いころから家族の貧困と病苦をその身に引き受け、貧困救済を自らの使命として志を立てたのである。これは近代以来中国の慈善事業と活動家の典型的な特徴といえる。

李徳全はモンゴル族の貧しい家庭に生まれた。彼女の両親は内蒙古から飢饉を逃れて北京の通県（現在の通州）へやってきた。父親は力仕事で多くの子どもを養い、李徳全は兄弟の中では年上だったので、早くから家事や弟妹の世話を任されていた。幼いころから聡明であり、普通の女性のように台所で一生を終えることをよしとしなかった。姉と妹が病気で早く亡くなったことに刺激され、医学を学びたいという気持ちが非常に強かった。キリスト教を信仰する父が教会の援助を求め、李徳全は地元の教会学校で小学校を終えた後、一九一一年北京のブリッジマン女子校（Bridgman Girl's School）に入学した。品行方正にして学力優秀であったため、教師や校長から高く評価され、アメリカの教会によって中国で初めて創設された女子大学である華北協和女子大学（North China Union College for Women）に一九一五年入学し、極めて得難い人材となった。一九二三年大学卒業後は母校・ブリッジマン女子校で代数と西洋史の授業を担当し、同時期、北京キリスト教女子青年会＝北京ＹＷＣＡ（Young Women's Christian Association）の幹事、総幹事をつとめ、キリスト教会の教育・事業活動展開に携わっていた。

一九二四年、李徳全は先妻を亡くしていた馮玉祥（一八八二―一九四八）と結婚した。馮将軍は前妻との間に三男二女をもうけていた。さらに結婚後には一男三女も出産し、家事や子女の養育、教育の負担は想像に難くない。しかし李徳全は「将軍の妻」の地位に甘んじず、また子どものために家庭という小さな輪の中にいることもなく、児童保育や衛生、教育などの社会福祉事業に情熱を傾けた。彼女は馮玉祥と家族と共に行く先々で、学校と病院建設を行った。たとえば一九二八年、北京で求地中学及び付属小学校・幼稚園の創設に関わり、貧しい家の子女に無料で教育を受けさせた。一九三二年、馮玉祥と山東省泰山にいた時期は、小学校一五校を創設した。一九三五年からの南京では、知識階級の女性を集め「首都女子学術研究会」を作った。一九三七年三月一〇日、孫中山（一八六六―一九二五）夫人・宋慶齢（一八九三―一九八一）とともに「中国戦時児童保育会」を共同で創設し、宋慶齢が理事長、李徳全が副理事長を務めた。この組織は抗日戦争期、人的資源と医療資源を動員し、戦地の児童を救い、三万人以上の児童を受け入れたという。李徳全はまた「中国婦女聯誼会」を作り主席に就いた。一九四六年、ニューヨークで世界婦人大会に出席した際には「世界各国の女性が連携し民主と平和のために戦おう」と提案した。李徳全は子女を連れてアメリカから帰国後、一九四九年三月中国婦女第一次全国代表大会に出席し、中華全国民主婦女聯合会副主席に選ばれ、同時に北京師範大学保育学部教授と学部主任を兼務した。同年九月、中国人民政治協商会議第一回全体会議に参加し、全国政協委員会委員に選ばれた。一〇月には中央人民政府政務院文化教育委員会委員、中央人民政府衛生部で初の大臣となり、一九五〇年八月、中国紅十字総会会長も兼務するようになった。

日本の政界は中国の代表団を率いて初訪日した李徳全を「勇気ある外交使者」と評価するが、当時の日本の一般大衆からすれば、メディアの写真や間近で見た李徳全は、穏やかで親しみやすい「おばさん」というイメージだったようだ。当時の日本における女性の社会的地位の低さや、まだ力のある女性政治家が誕生していなかったこととも関係があるだろう。他方、李徳全の人柄は勤労で質素という一般女性の特色を持ち続け、貴婦人にありがちな華やかさや派手さは見られなかった。彼女の慈善事業は純粋に献身的な気持ちから生まれたものであり、名声を得たいという気持ちは終生もたなかった。夫である馮玉祥も、当時のどさくさに紛れて私腹を肥やす軍閥とは一線を画しており、自らは豊かでなくとも貧困救済に尽くしていた。民国時期に北京で医師をしていた日本人の記述によれば、馮玉祥は貧しかったため他人へのお祝いも身の丈に合ったものにしていたが、李徳全の慈善事業は気前よくお金を出して多くの人を助けた。ある天災があった際の募金では一度に千元以上も拠出し、馮玉祥の「吝嗇」とは大違いだった。当時、中国のキリスト教会の外国人はこう言っていた。人々は馮将軍を「赤党」（旧社会で共産党のこと）とみなしているが、大きな間違いだ。彼の「赤党」の心は李徳全の熱い血に感化されているのだ（矢原謙吉《謙庐随笔》、广西师范大学出版社、二〇一五年、第一〇〇頁）。思いやり深く、女性の苦境を解決する、李徳全の人道主義精神が、のちに新中国の外交舞台で繰り広げられ、紅十字（赤十字）という世界的組織のルートを通じて、日本居留民と戦犯の帰国において、その精神がさらに光を増し、日本の朝野で尊敬と感動を呼んだことは、この日本人医師にも予想できなかったであろう。

四．馮玉祥、李徳全とキリスト教

李徳全が終生にわたり教育と社会福祉事業に身を投じ、軍閥の将軍・馮玉祥と結婚したことも、お互いが早い時期からキリスト教に帰依していたことと深い関係がある。

李徳全のキリスト教信仰は家庭の、特に父親の影響による。幼いころからキリスト教系の教育を受け、青年時代には宗教意識が次第に強まっていき、すべては神のおぼしめしであると考えるようになった。そして神の愛に報いるため世の人々を助けることに決めた。大学卒業後は教会学校で教鞭を執るほか協会の役職も務め、布教活動や貧困救済活動に積極的に参加した。李徳全の人柄や仕事ぶりは北京のキリスト教者の間で認められるようになった。当時北京駐留の西北軍を率いていた馮玉祥は、軍閥には珍しく宗教に熱心だったため「クリスチャン・ジェネラル」と呼ばれており、たびたび教会へ行って説教を聞いていたが、李徳全の名声を聞くようになり、次第に好感をもつようになった。

馮玉祥がキリスト教に帰依したのは内なる精神的渇望のためであった。キリスト教会が病院や学校の建設に尽力し、信徒には規律ある生活を求め、アヘンの吸引や女性の纏足に反対し、教育を奨励することの社会的効果を、身をもって体験していた。一九一五年には教会で洗礼を受けた。さらに他と違っていたのは、馮玉祥が自分の率いる部隊の中でもキリスト教信仰を広めていたことである。当時の軍閥ではありえないことだった。彼は部隊に牧師を呼ぶだけでなく、敷地内に礼拝堂を建てたりもした。日曜には牧師を招いて講話をしてもらい、聖書を読み、祈祷、讃美、主日などの儀式を提唱した。馮玉祥はみずからも兵士のために『聖書』を説いた。その勧めもあり、馮玉祥の部下には洗礼を受けるものが多かった。一九二四年、馮玉祥が北京で陸軍検閲使に就任する頃には、三万以上の配下のうち半数、士官では八、九割が洗礼を受けていたという。その年二月、馮の部隊の士官・兵士一、〇〇〇人余りが洗礼を受け、八月にはさらに五、〇〇〇人が入信した。また馮玉祥は自分が良いと思ったキリスト教の教義を選んで兵士教育ための読み物『軍人精神の書』を編集した。その中にいわゆる「三精神の書」、すなわち『道徳精神』『愛国精神』『軍紀精神』がある。内容は、キリスト教精神と中国伝統の道徳観念を組み合わせて説いたもので、曽子、顔回、子路、墨子などの故事を数多く引用している。このため民国時代のある宣教師の間で、馮玉祥は「イエスキリストの良い兵士」と讃えられていた。

馮玉祥の宗教信仰は、彼の生活にも深く影響を与えていた。一九二三年馮玉祥は先妻を病気で亡くしたため、一時期、北京中の名家の娘がこの将軍をこぞって追いかけることとなった。当時の北洋政府総統までもが自分の娘を彼に嫁がせたいと考えていた。噂によれば、馮玉祥は若い娘を紹介されると、必ずこう聞いたという。「彼女はなぜ私と結婚したいのか」。そして馮玉祥の身分や待遇に興味がある女性、彼の有望な前途を信じる女性、これらをすべて断っていた。

ある時、キリスト教徒の友人が、馮玉祥が悪いことをしないよう見張るために神が遣わされた女性を紹介したいと言ってきた。馮玉祥はこれを聞いて大喜びした。これこそ私が探していた女性だと。彼はもともと李徳全を意識していたのである。彼らが意気投合したのは、確かにキリスト教信仰によるものであった。結婚前、李徳全は馮玉祥に「私のどこが気に入ったのか」と聞いた。馮は「天真爛漫なところだ」と答え、逆に同じ質問をした。李徳全の答えは「あなたが悪いことをしないように、神が私を遣わせたのです」だった。結婚後、李徳全と馮玉祥部隊のキリスト教的雰囲気は非常にうまく融合した。李徳全は家を切り盛りし、子どもの教育をしながら、婦人の教育や傷病兵士の慰労などに力を注ぎ、兵士たちから慕われた。

キリスト教信仰は馮玉祥と李徳全夫婦の「仲人」となっただけでなく、二人のその後の生活においても重要な指針となった。一九二八年国民革命軍が北伐に成功した後、馮玉祥と国民党最高指導者である蒋介石（一八八七―一九七五）との関係は蜜月時代であった。二人は「義兄弟」の契りを交わしただけでなく、馮は当時の首都・南京で行政院副院長と軍政部長に就任している。当時、馮玉祥は普通の兵士と同じ制服を着、頭には破れた麦藁帽子、足には布靴、外出はトラックで、まるで「苦行僧」のようだった。彼のキリスト教徒としての身分や、軍を治め事にあたる上での厳粛な態度は、南京の軍部や政府を慌てさせた。馮玉祥がキリスト教会の規律で社会風紀を取り締まるだろうと皆が思ったからである。遊郭や賭博場はみな閉鎖され、政府の職員も出勤時間や業務効率を厳しく規定された。馮玉祥のピューリタン的な態度を「わざとらしく、情がない」と揶揄したり、「売名行為」だと非難したりする者もいたが、馮玉祥を知る人はみな彼を弁護してこう言った。「偽りでも何十年もそれを続ければ、本当になる」

　実のところ、中華民国時代の軍閥や高官には馮玉祥のようにキリスト教に帰依するものも少なくなかった。例えば国民党の最高指導者である蒋介石や張学良（一九〇一―二〇〇一）なども皆キリスト教徒である。そのなかで、蒋介石と張学良、二人のキリスト教信仰は、おもに蒋介石夫人・宋美齢（一八九七―二〇〇三）の影響が大きい。前者は宋美齢との結婚を望んだ際、宋家から出された条件の一つがキリスト教信仰だった。蒋介石のキリスト教信仰は、迫られてのものから、長い時間をかけて自ら望むものとなった。後者は一九三六年一二月一二日の西安事変で軟禁状態に置かれて後、宋美齢の庇護と啓発を受けて次第にキリスト教信仰を固めていった。彼らは馮玉祥と違い、キリスト教によって自身の精神的苦悩や空虚感を慰めたのであり、馮玉祥のようにキリスト教思想によって社会を導き、民衆を治めることは試みなかった。馮玉祥とキリスト教のこのような関係は中国現代史において非常にまれなことであり、西欧諸国から好奇の目をもって見られていた。一九二八年七月二日の米『タイム』の表紙に馮玉祥の写真が掲載され、「世俗とかけ離れた『クリスチャン・ジェネラル』馮玉祥」と題し、彼を「聖書を手にあるいはポケットに持つ、敬虔なキリスト教徒であり、射撃の名手であり、一九万五千人という世界最大の私設軍隊の主である。現在、このような人物こそ中国一の強者、それが馮玉祥将軍である」と紹介した。そして「中国のキリスト教戦士は、烏合の衆を規律正しい軍に変えた」と馮玉祥を讃えたのである。

　これは中国の現代史という流れにおきたさざ波なのかもしれない。あるいはキリスト教が背後で後押しをしていたのか、あるいは教会が中国の政治的人物に協力していたのかもしれない。例えば宋美齢はキリスト教の関係を借りて、中国に対するアメリカからの精神的、物質的援助を取り付けた。反対に馮玉祥は教会との関係を通して、蒋介石を批判し、反対する運動を行ったのである。これらの基督教会が中国で創設した金陵、燕京、斉魯などの大学と中国の政治、社会との密接な関係について、そして基督教会が抗日戦争中に中国の民衆と協力したことなどについては、真摯に回顧し、評価を行わなければならない。

米『タイム』表紙に掲載された馮玉祥の写真

五．馮玉祥と民国時代の軍閥

李徳全はキリスト教信仰をもった軍閥将軍夫人であり、後には新中国政府の中で共産党員でない女性指導者の代表的な例となった。このことは中国近現代史の舞台の上の、一種独特な政治勢力、つまり「軍閥」の発展と変遷の過程を映し出している。

軍閥とは、いわゆる「軍隊派閥」の略称で、さまざまな派閥に属し、全国あるいは地方政権を掌握する軍事集団勢力のことを指す。多くの軍権や政権をもった異なる派の軍閥の間には毎年のように混戦、分裂、合併が繰り返された。これが一九一一年辛亥革命から一九四九年新中国成立までの三〇年余りの間における、中国社会の主な政治的現実なのである。今この期間の歴史を振り返ってみると、走馬灯のように絶えず変転する当時の人々、つまり中央政権を代表する総統、全国の政務を統括する総理などが、いったいどの軍閥に属するのか、そして多くの軍閥がその後どのようにして蔣介石に打ち負かされ、取り込まれ、面従腹背となり、国民党嫡系の軍隊と寄せ集めの軍隊が長期にわたって共存する局面が形成されていったのか……これらのことを一般の、特に若い中国人はうまく説明できないだろう。また専門家でない外国人にとって、中国近現代の軍閥が次々と入れ替わるさまは、さらに曖昧模糊とした印象であろう。いくつかの派閥の首領が、最終的に中国共産党とともに新中国建設の道を歩んだ理由を、彼らが理解できなくても不思議ではない。

辛亥革命の後、中国ではいわゆる軍閥割拠の状態が続き、合法的な中央政権がなかなか形成されない状況にあったが、それは清朝末期、王朝制から近現代的な共和制への基本的転換が標榜されてはいたものの実現できなかったためである。政治体制改革が遅々として進まず、武昌蜂起で各地の清朝軍隊が次々に寝返り王朝政権が倒れた後、その土地の権力をうまく接収管理する新たな政権がなかったため、やむを得ず、現地に駐留している軍隊が臨時政権を掌握し、軍事、政治さらには経済における権力を掌握、行使するようになったのである。これらの軍隊の多くは、元は清朝政府が統括するいわゆる「新軍」で、王朝末期に西洋にならって改編、装備、訓練した新式の軍隊であった。たとえば南方革命派がのちに妥協して任命した中華民国臨時総大総統・袁世凱（一八五九―一九一六）は、清朝の「北洋大臣」として統率した最大で最強の「北洋」新軍の首領であり、この軍閥はのちに「直系」軍閥と呼ばれた。「直系」とは、現在の河北省一体を指す「直隷」地方の軍隊という意味であった。この他全国には、実力は直系軍閥に劣るものの、武装によって地方に覇を唱え、その地の政治、経済秩序を維持するような軍閥も多かった。これらの軍閥は大小異なるが、主に安徽省の「皖系」、東北地方の「奉系」、四川の「川系」、山西の「晋系」、広西の「桂系」、雲南の「滇系」そして広東軍閥など、さまざまである。これらの軍閥が一九二〇年の「直皖戦争」（直隷・安徽戦争）、一九二二年の「直奉戦争」（直隷・奉天戦争）、一九二四年の

「第二次直奉戦争」、一九三〇年の「蔣馮閻対戦」などいくつもの戦いを経て各派の実力も互いに強まったり弱まったりで、力のまさった軍閥が一時的に中央政権を掌握しても、まもなく他の派閥に政権を奪われたりした。一九二八年、蔣介石の率いる国民革命軍の北伐が勝利をおさめて南京を都としたのち、中華民国はほぼ統一を成し遂げ、二十数年にわたる軍閥混戦の政局は終わりを告げた。しかしこの後二十年余り中国を治めた国民党蔣介石政府は、本質的には軍閥政権であり、この政府が主に国民党の嫡系軍隊の支援に頼っていたために、真の意味での文官政府には到底なりえなかった。また巨大な国民党嫡系部隊の他に、蔣介石に負けて改編されたり、脅し透かしで組み入れられたりした雑多な軍隊もあって、名義上は「国軍」が統率するとはいっても、依然それらの勢力が各地方を占拠し、その地を実質的に統治していた。これら「地元のボス（地頭蛇）」と国民党中央政府は駆け引きをし、武器をもってまみえることも厭わず、小規模な衝突や争奪が絶えることはなかった。これこそが中国現代史の舞台の上で、各軍閥が力を競い、登場人物が入れ替わり立ち替わりする根本的な理由なのである。

前半二十数年の軍閥混戦の時代であれ、後半二十数年の地方割拠であれ、さまざまな形の軍閥政権に共通する弱点は、軍閥の首領がほとんど軍隊出身者であり、文化水準が低く、勇猛果敢に戦うが、社会の統治を理解できない「無骨者」や「盗賊の頭目」に過ぎなかったということである。軍事管制式の軍閥政権は、政権を掌握した後しばらくは地方の治安を維持できるが、その政権は「馬上で得る」ことはできても、「馬上で治める」ことはできない。さらに根本的な致命傷は、各軍閥の首領が私欲に基づいていることであり、手中の武装勢力によって王朝統治を覆すことはできても、現代共和政体に必要な民主的な執政や社会に服務するという合理的合法的素地に欠けていることにある。現代共和政体に内包される本質や機能は、文化的素養のある文官のみがそれ備え、運用する資格を持つのである。このため軍閥政権は最終的に文官政権に取って替わることが、中国の現代共和政体の形成と成功にとって避けて通れない道なのだった。

中国共産党が第一次国共合作失敗の後、武装によって政権を奪取する革命闘争の道を歩んだのは、まさに当時の中国における軍閥割拠状態に身を置いていたためであり、「毒をもって毒を制す」戦略を採らざるを得なかったのである。のちに歴史によってそれが正しい道だったと証明されたのであるが、その根本原因は、中国共産党が軍閥と同じ「鉄砲」の力だけでなく、他の軍閥の中には少ない「ペン」の力を備えていたためである。共産党は近代的な「秀才」が兵を率いていたのであり、彼らは軍閥の首領よりも文化的素養が高かったばかりでなく、その背後には当時世界を席巻していた共産主義運動の高まりとマルクス主義の理論武装をもっていた。中国共産党は手段・道具としての武装力の役割を重視しており、また軍閥よりも長期にわたる政権構築や社会改造という目標をもっていた。これらは各派の軍閥にとっては遠く及ばぬものであり、最終的に共産党に取って代わられるしかなかった根本的な原因でもある。

馮玉祥が他の軍閥と異なっていた点といえば、特に最終的に中国共産党とともに比較的近い道を歩んだ軍閥首領の代表的人物だったことだが、その理由は、彼が他の軍閥首領のように「銃があれば一国一城の主」とばかりに殺し合いをすれば良いという状態には満足せず、生涯を通じて人として正しい道を求める信仰心や真の歴史的使命を理解するイデオロギーに支えられていたたか

1948年の馮玉祥

らである。彼は犠牲を恐れず、勇猛果敢という中国の軍閥首領に欠かせない特色を身に着けていたが、私利私欲に溺れて勢いに任せるようなことはなく、自らと国家のための助けとなる精神的支柱を求めていた。このため彼は初期の頃にキリスト教的観念を崇拝し、孫文が北伐革命戦争を発動した前後には三民主義の信徒となり、のちに蔣介石と袂を分かち、ソ連や中国共産党に共感を覚えた。また中国共産党もかつて蔣介石に従っていたことを理由に彼を排除するようなことはなかった。特に日本が中国侵略戦争を発動した後、馮玉祥が下野して張学良のもとについたのち、元の西北軍を第二九軍と改変し、河北省一体において抗日戦争の旗印をあげたことは、馮玉祥の名声を轟かせることとなった。現在北京には英雄の名からとった道路が三本ある。張自忠（一八九一―一九四〇）、佟麟閣（一八九二―一九三七）、趙登禹（一八九八―一九三七）の三名であるが、みな第二九軍の将校であり、その名を聞けば人々は馮玉祥を思い出す。まさに新中国が建国されようという時、馮玉祥夫妻と宋慶齢、李済深（一八八六―一九五九）など中国国民党革命委員会の人々は、公式に蒋介石と決裂し、中国共産党と手を組む立場を鮮明にした。李徳全が馮玉祥の遺志をつぎ、たゆまぬ政治活動能力とその社会的影響をもって、後半生において新中国のために文明、和平、人道主義の姿を国内外に示したのも自然のなりゆきだった。

李徳全はまさに彼女の名が示すように、功「徳」を「全」て備えていたのである。

李徳全

日中国交正常化の「黄金のクサビ」を
打ち込んだ中国人女性

上編　李徳全はじめての訪日、外交の表舞台へ

一．中国の舞台のあらたな幕開け

1．中国の舞台と日本の観衆

中日両国間の関係といえば、中国研究に一生を捧げた日本の学者、竹内実氏（一九二三―二〇一三）の生き生きとした比喩を思い出す。

地図を開いてみよう。中国大陸の地勢は西側が高く東側は低い。そして東へ向かうほど平野は広がり、大地は海におちる。海をあいだにおいて、日本列島がゆるやかな弧を描き、中国大陸とむきあっている。

中国大陸を東に向かってひらかれた舞台にみたてると、日本列島は観客席である。両者の中間の海は、土間席とも、オーケストラボックスともいえよう。

この観客席の観客は、中国の舞台で演じられたドラマをずっと眺めてきたのである。ドラマは歴史と名づけられた。

歴史は同時代の人間にとっては現代史であり、それは現に演じられつつあるドラマにほかならない。

中国の歴史は世界史でもあったから、役者にはこと欠かず、ドラマは多彩であった。筋立ては循環反覆し、単調のきらいがなくはなかったが、その展開は観客席からこれを眺める人間の意表をつき、興味をつないだ。

（「舞台と観客席―中国研究の視点」、京都大学創立九十周年記念協力出版『京大史記』、一九八八年八月一〇日）


歴史の時計の針が一九四九年を指し、海を隔てた東側の観客席にいる日本人の目には、その西にある中国の舞台の上に、真新しい景色が現れたのである。これは、日本の敗戦後、中国国内で台頭した二大政治勢力が天変地異のごとき軍事的政治的争いを繰り広げ、最後に中国共産党が国民党の統治を覆し、新中国を建国したことを指す。これにより中国の舞台は新たな幕開けを迎えた。中国人との接触を密に保っていたり、身をもって中国社会の実情を体験していた少数の日本人は、日本に帰国してから、中国の舞台で始まったこの新たなドラマについて身近な人々に話したり予測したりしていた。例えば中国で二〇年以上生活した竹内実の母親は、一九四七年帰国後、親しい友人に「これからは毛沢東の天下だと中国人が言っていた」と話したという。竹内氏の記憶によると、彼が初めて「毛沢東」という名を聞いたのはこの時だった。母親はおそらく中国で

『竹内実文集』中国語版

何人もの人がこう語るのを聞いていたのだろう。中国の庶民の話には誇張があっても、大体においては正しい。竹内氏はそう考えた。二年後、中国で本当に新政権が誕生した——中華人民共和国である。まさに予想通りだった。

ここから分かるのは、中国から帰国し、中国をよく理解する日本人はきわめて得難かったということである。このような、見知らぬ人には軽々しく打ち明けないような話は、当時日本のメディアもほとんど聞くことができなかったし、たとえ聞いたとしても、このような考えや推測を真に受けることはなかっただろう。更に重要なのは、当時歴史の節目が日中両国にあるのか、または両国の背後の国際情勢にあるのかに拘わらず、全く安定していないことで、いつ安定するかなどとても分かるものではなかった。例えば、日本はまだアメリカの占領下にあり、日本はアメリカの後押しで、ようやく代議制民主主義を回復し、再び内閣を作り、経済を復興させようという時期にあった。政治家から一般大衆に至るまで、多くの日本人は海を隔てた中国の舞台の上で起きていた歴史の大転換に対する心理的余裕に欠けていた。

むろん、日本には常に熱心に日中交流や友好往来を行う社会組織が存在していた。新中国が建国を宣言したわずか一〇日後、日本の有識者は日中友好協会設立準備会議を開き、一九五〇年一〇月一日に、初の日中友好組織「日中友好協会」が正式に発足した。初期には二二の都道府県及び各政党、労働組合、学術界、文芸界、経済界の有志がこの組織に参加し、大会選挙で前参議院議長、日本社会党の元老である松本治一郎（一八八七—一九六六）が初代会長に選出され、中国の著名な作家・魯迅の親友である内山完造（一八八五—一九五九）が副会長兼理事長に就任した。

日中友好協会発足後、すぐに多方面で日中友好と両国の国交回復促進活動が展開され、その影響は拡大し続けた。しかし、このような盛り上がりの中でも、中国民衆にいまだ日本軍国主義に対する極端な憎悪があることが心配された。たとえば日中友好協会会報《日本と中国》一九五四年一〇月一一版に、学習院大学教授の清水幾太郎（一九〇七—一九八八）は北京郊外を視察した感想としてこう書き残している。

ひるがえってわが国の状態を考えてみよう。私たち日本人も同様に経験したはずの戦争の苦しみと平和のよろこびを、忘れよう、忘れさせようという動きがないだろうか。日本人がふたたび中国人へ銃口をつきつけるようなことにもしなったら……

このような心配は決して妄想ではない。新中国誕生前後、時の首相は自由民主党の吉田茂（一八七八―一九六七）で、彼は一九四八年から一九五四年の間に二度首相の座についた。吉田茂の家は漢学の素養があり、彼は幼い頃より中国の歴史と社会に興味を抱いていた。一九〇六年、二八歳の吉田茂は大学卒業後、外交官となり、長期にわたって中国の東北地方などに赴任し「中国通」とみられていた。しかし、吉田茂の中国に関する関心はロマン主義や理想主義に基づくものではなく、終始強烈な現実主義的態度で日中両国関係を考えていた。周知のとおり米軍の占領期、日本政府の指導者は誰もが小心翼翼として占領軍当局と良好な関係を築こうとしていた。このため吉田茂と連合軍最高司令官マッカーサー（一八八〇―一九六四）との間も比較的良好であった。しかし吉田が在任中の一九五〇年に朝鮮戦争が勃発した。中国・朝鮮連合軍と米国を主とする国連軍は攻防を繰り返し、戦力が拮抗していた為、最終的に双方は停戦協議を行い、一九五三年七月二七日「朝鮮戦争停戦協定」を締結した。このような国際情勢の下、米国は日本を同盟国とし、東アジアでの影響力を強固にしようと考えた。一方、日本は米国に従うのが唯一自国を守る方法と考えた。そして米国を筆頭に四八カ国が日本との間で、一九五一年「サンフランシスコ講和条約」と呼ばれる「日本国との平和条約」を締結し、第二次大戦後の日本の主権回復を確認したのである。続いて日本と米国が「日米安全保障条約」を締結したことで、両国の同盟関係が成立し、連合軍による日本の占領統治が終了したが、同時に、日本において米軍の継続駐留を認め、米国が軍事的に日本を従属させることに法的根拠を与えたのである。主権国家となった日本は、中華人民共和国と中華民国の承認という問題に直面することとなった。

吉田茂は中国大陸の市場が今後の日本にとって重要であると認識しており、サンフランシスコ講和条約の前には国会で、中華民国を承認するとしても、中華人民共和国の上海で貿易事務所を開設することも考慮しているという趣旨の答弁をしたことがある。米国のダレス国務長官顧問（一八八八―一九五九）との会談でも、吉田茂は台湾の承認について明確な意見表明をしなかったが、ダレスから、サンフランシスコ講和条約の上院での批准が難しくなると脅され、最終的にいわゆる「吉田書簡」をもって台湾国民政府との講和を確約した。翌一九五二年一月、この「吉田書簡」が公開され、続けて台湾当局との交渉が開始され、四月二八日「日華平和条約」が締結された。

吉田茂

この条約により日本と中華民国との間の戦争状態終結が宣言され、一九七二年に至るまでの「日台関係」の基本的枠組みができた。その後ほどなく、周恩来は中国政府を代表し、この条約は違法で無効であるとの声明を発表した。

この前後、日本国内の多くの政治家は、吉田茂が中国問題でアメリカとの板挟みに遭い苦況にあることを理解し、様々な論調で「吉田書簡」とは異なる言論を発表した。たとえば一九五二年三月二一日、国務大臣・岡崎勝男（一八九七―一九六五）は国会で、日本政府は台湾当局と条約を締結したが、まだ中国共産党と外交交渉を行う権利を残していると述べた。しかし、外務省はアメリカ政府の顔色を伺い、翌日岡崎勝男の発言を否認した。これは当時の日本政府が中国大陸と台湾とのバランスを取るうえで、アメリカからの制限を受けていたことを示している。

竹内実は、当時の一般市民や文化人が中国大陸での変化を熱い思いをもって見つめていたこと、そして日本政府が中国問題で板挟みの苦境に陥っていた状況を回顧し、そこには「親しさ」と「驚き」が交錯していたと述べている。

> 不思議なのは、その「驚き」から中国革命にたいする共感というか、讃美というか、支持というか、ともかく一般に存在する「革命」嫌悪のフンイキがそのまま裏返しになったかたちで、中国の革命には「親しさ」を感じることが語られたことであった。しかしその「親しさ」はそのまま全的に新中国との友好関係を目指す動きにはならず、さきほどの恐怖感と親近感とに袂をわかち、また手を握り、時としては混乱したかたちで存在しつづけてきているのである。
>
> （竹内実「戦後文学と中国革命」『新日本文学』第一七巻第一〇号、一九六二年一〇月一日）

2.「水到渠成」——水流れて水路となる

全く新しい政権や政府が誕生した後、国際舞台において他国の承認を得るには、少数の政治的盟友に頼るのではなく、諸外国に対する宣伝や交流など外交分野で、より主導的な広範な努力をしなければならない。これに対して、国際舞台の多くの国は一定期間その変化を静観し、様子見をする。新中国成立後の何年かは、大体このような状況であった。

新中国政権の主導的地位についた中国共産党の長期にわたる政治的盟友は、ソ連と東欧の社会主義国であり、それらの国がいち早く中国を承認し援助を開始したが、それは新中国が世界に向けて歩み始めたことを意味しただけにすぎない。中国が位置する東アジアにおいて、朝鮮やモンゴルなど共産党政権国家のほかに日本の重要性は言うまでもなかった。このため正式に外交部を創設する前に、周恩来総理は国務院の外交事務弁公室の中に、日本関係業務を専門に扱う「日本チーム」を特別に設置し、新中国の外交方針において、日本を重要な地位においた。当時、国務院の外事弁公室は陳毅（一九〇一―一九七二）が室長、廖承志（一九〇八―一九八三）が副室長となっていたが、外事弁公室の下に作られた「日本チーム」の長には廖承志が就き、さらに「廖承志工作班」略して「廖班」と言われるグループもあった。「廖班」の体制は比較的柔軟でかつ権威があり、周総理は対日業務をほぼ廖承志に任せていた。廖は任務遂行の必要性にあわせて随時各部門や日本関係の幹部を召集し、毛沢東、周恩来による対日方針や対日政策を伝達、討論、研究し、対日業務を実施した。「廖班」に参加するメンバーは、廖承志も含めてみな別の部署に正式な役職を持っていたが、「廖班」の業務があれば最優先事項として参加し、廖承志の指示に従って行動し、所属部署すら決して関与しなかった。新中国の初期、対日工作は当時国務院の外交分野の重要事項であり、毛沢東、周恩来が自ら計画策定し、頻繁に活動を行った。これをよく証明するものとして、当時周恩来が最も多く接見した外国人が日本人だったということがある。

かつて「廖班」の重要メンバーであり、「四天王」とも呼ばれたうちの一人、孫平化（一九一七―一九九七）は、のちに周恩来など中国の指導者が対日外交を非常に重視していたと回顧している（森住和弘「日本国交回復の扉はこうして開かれた」、『中央公論』一九九二年七、八月号）。当時、周恩来は日本からの代表団と極力すべて接見しようとしており、他国の代表団と比べてあまりにもバランスを欠いていたので、なぜ日本とこれほど熱心に接するのかと、孫は常々疑問に感じていた。あるとき周恩来はそれに答えて、日本と中国の間には歴史的にみても他の観点からみても特殊性が存在する。だからその特殊性を認識した上で問題を考えなければならない。他の国にしていないからといって、日本と頻繁に接触すべきでないというのは間違った考えだ、と語ったという。

では、中国に対する日本の特殊性はどこにあるのか？　近代以降日本は国を挙げて中国を侵略したというのに、なぜ新中国の指導者は日本との外交関係を重視し発展させたのか？　これには次のような理由が挙げられよう。

まず、日本はアジアで最初に近代化を実現した大国である。日本は戦争により経済的、軍事的実力の弱体化を招くこととなったが、日本の実情を知る中国人はみな日本の将来的な経済発展の可能性と東アジアにおける重要な地位と役割を見て取り、今後日本の平和的発展は中国にとって有利かつ有用であると予測していたため、両国が国交正常化に向けて努力しなければならないと考えていた。これが毛沢東と周恩来が考えた長期戦略である。

次に、日本は中国の伝統文化から深く影響を受けており、中国と日本人の関係は他国よりはるかに密接だった。一九四五年日本降伏の際、蒋介石（一八八七—一九七五）は中国政府を代表して「抗戦勝利告全国軍民及全世界人士書（抗戦勝利にあたり全国の軍民、および全世界の人々に告げる書）」を発表し、その中で、「中国の同胞は『旧悪を念《おも》わず』と『人に善をなす』が我が民族伝統の貴い特性であることを知らねばならない」と説いた。そして「日本の人民を敵とせぬ」態度は、後に「以徳報怨（徳をもって怨みに報いる）」と称され、日本人に感激と慚愧の念を抱かせた。新中国の指導者も、このような道徳観が中国政府への好感と信頼に繋がるものと考えたのである。

それから、国民党政府は日本の敗戦後、日本人捕虜と技術者を留用したいと考えていたが、実現できなかった。新中国は日本との経済関係を強め、自国の建設を推進していった。特に日本の経済界は、アメリカに追随して中国に対する経済封鎖を行うことは自身にとって損失であることに気づき、朝鮮戦争休戦協定が調印されると、一九五三年七月末に衆参両院で「日中貿易促進決議」が採択され、両国の経済の見通しは明るくなっていった。

そして最後に、中国共産党は日本共産党、社会党、自民党などの政党と以前から交流があり、多くの経験から教訓を得ていた。当時の日本はアメリカによる占領が解かれたばかりで、政治体制はまだ不安定で、政府の政策決定もアメリカの干渉を受けて動揺しており、特に一九五二年に吉田内閣がアメリカに迫られる形で「日華平和条約」を締結するような情勢下で、新中国はしばらく日本と正式な外交関係を築ける状態にはなかったため、日中間で「民間外交」を提唱する方向に舵をきり、新たに「以民促官（民をもって官を促す）」政策を打ち出し、長期的視野に基づいて日中両国関係を徐々に発展させていった。当時、周恩来は中日関係が新たな展開を見せると確信していたが、それは「解放された新中国のみが日本と友好関係を築く資格をもち、戦後の日本のみが中国と友好関係を築く資格をもつ」（吴学文、王俊彦：《廖承志与日本》、中共党史出版社、二〇〇七年版、第一一八頁）ためである。以上のような国際情勢と外交政策に基づき、「廖班」は時機を見据え、対日外交のさまざまな可能性や機会、有効な手がかりをとらえて日本の各界との交流を拡大し、深く親密な交流を続け、その積み重ねにより中日両国関係の正常化を目指す長い道のりを進んでいった。

日本と新中国の政府高官との接触は、日本赤十字社社長の島津忠承（一九〇三―一九九〇）が一九五〇年一〇月、モナコの首都モンテ・カルロで開催された赤十字社連盟理事会（現、国際赤十字・赤新月社連盟総会）の会期中に、中国紅十字総会会長の李徳全と懇談したことに始まる。当時、島津は中国大陸に残された日本赤十字社救護班三三三名に関する情報提供を李徳全に依頼した。李徳全は即座に協力を承諾し、帰国後本件を周恩来に報告し、廖承志によって日本人居留民帰国協力計画が策定された。一九五二年末、中国政府は約三万人の日本人居留民が中国で生活しているとの調査結果を公表し、中国は希望者には帰国の協力をする旨決定した。一九五三年一月末、日本は中国の求めに応じ、日本赤十字社、日中友好協会、日本平和連絡会の三団体による代表団を派遣し、中国紅十字総会代表団と会談した。日中双方は一九五三年三月「日本人居留民帰国問題に関する合同コミュニケ」を発表し、帰国者の集結・乗船地は天津、秦皇島、上海の三箇所とし、一回の帰国人員は三、〇〇〇ないし五、〇〇〇人とし、中国側は、乗船地までの旅費、宿泊費、食費、携行品の運賃など出港までのすべての費用を負担することなど具体的事項を取り決めた。その後、日本は中国への帰国を希望する華僑と、戦争中日本に連行され亡くなった約三、〇〇〇柱の遺骨を中国へ送還することに同意した。

　中国紅十字総会が日本人居留民の帰国事業を行う一方、中国政府は日本の産業界・貿易界の人々との経済往来を模索した。一九五一年末、中国政府は国際経済会議の発起人として、一九五二年にモスクワで行われた同会議に一〇名の日本人を招待し、相手の意向を伺おうとした。日本政府は会議参加者へのパスポート発行を拒否したが、緑風会参議院議員の高良《こうら》とみ（一八九六―一九九三）、社会党衆議院議員帆足計《ほあしけい》（一九〇五―一九八九）、改進党衆議院議員宮腰喜助（一九〇五―一九六六）の三名が、別の出国機会を利用してモスクワへ向かい、中国代表と会見した。日本国内にこのニュースが伝わると、各界代表は日中貿易促進会議と称する経済協力団体を創立し、中国はこの三人の日本人を自国に招待し、一九五二年六月第一次日中民間貿易協定を調印した。これにより初めて日中貿易のルートが開かれた。

　続いてこの三名は中国保衛世界平和大会が一九五二年一〇月に北京で開催予定の「アジア太平洋平和会議」の準備に参画した。彼らの協力により、日本では松本治一郎（一八八七―一九六六）を団長とする六〇人の大型代表団を会議に参加させる予定となった。日本政府はビザの発給を拒否

高良とみ、帆足計、宮腰喜助の中国訪問

したため、日本からの代表はなくなったが、最終的に二手に分かれて中国入りした南博(一九一四―二〇〇一)と中村翫右衛門(一九〇一―一九八二)を正副団長とする日本代表団がアジア太平洋平和会議に参加することになり、その会期中の動向は世界の注目を集め、日本国内でも大きな反響が起きた。

この後、日本では中国との経済貿易交流を進めようとの声が次第に大きくなり、両国間の人的交流も徐々に増え、多くの代表団が中国大陸に渡ることとなった。先に述べたように一九五三年七月「日中貿易促進決議」が可決され、同年九月末、日中貿易促進議員連盟が中国に通商使節団を派遣し、国慶節の祝賀活動に参加させた。

代表団は中国側と二〇日以上にわたって交渉を行い、一〇月二九日、第二次日中民間貿易協定を締結した。一九五四年九月末、二つの超党派議員団が北京を訪問した。一つはストックホルムで開催された世界平和大会の帰途立ち寄ったものであり、もう一つは国慶節に招かれた訪問したものである。二つの訪中団員あわせて四〇人余りとなり、人数的には空前の規模で、中国政府の格別なもてなしを受けた。これにより日本人の訪中が増え、経済、文化、社会事業関連以外に、多くの政治家も中国との交流を開始した。

新中国はこのように国際舞台での地位を得て、文明的な印象を広く示し、真心と善意をもって外交面で理路整然とした展開をみせた。しかし、近所づきあいのように互いに依頼し協力する日本との関係は、一朝一夕に出来上がったものではなく、多方面にわたる努力の積み重ねによるものである。さまざまな試みや下地が、新中国誕生後の五年後、水が流れて水路になるように、中国は初めて李徳全率いる中国紅十字総会代表団を日本に派遣したのである。日中両国がお互い行き来する対等な立場で外交を行うのは容易なことではなかった。そしてこれから述べるように、この訪問は思いがけなくも大きな社会的反響を巻き起こした。現代日中関係の舞台においてこのような空前のドラマが展開したことは、まさに回顧に値し、感慨深い。

3. 「千呼万喚」――実現までの道のり

中国古典『礼記』に「礼は往来を尚《たっと》ぶ。往きて来たらざるは礼にあらず、来たりて往かざるもまた礼にあらざるなり」とある。外交関係も、互いに往来することにほかならない。新中国成立当初より、中国政府が多くの日本人を自国に招いたのは「来る」を実現し、日本人居留民の帰国であれ経済貿易関係の商談であれ、すべて中国が主体的に招待し、手厚く効率よく手配を行った。そして招待を受けた日本の人々は感謝の気持ちで中国側を日本に招待するよう希望し、中国政府も日本へ「往く」ことを期待していた。しかし、日本の政権が頻繁に交代し、各派閥が牽制し合う中、特にアメリカと台湾側の反対により、日本からの招待は幾度も頓挫した。中国代表団の初訪日は、唐代の詩人・白居易（七七二―八四六）《琵琶行》の中の名句「千呼万喚始出来（なかなか成就しなかったものが、ようやくかなった）」のようなものであろう。中国の考える「出来」の目標は、日本の国土に現れることであり、日本側からみると「出来」という二文字は「できる」「実現する」という意味をもち、難易度が高いことも意味している。ただそれは、日本各界が何とか中国側代表団を招きたいという期待感を高めることにもなり、中国代表団の訪日を実現したことは、日本で大きな反響を巻き起こし、人々の注目を集めた。

一九五三年二月、日本赤十字社の代表団が初めて中国を訪れ、日本人居留民の帰国について打合せを行った際同行した二団体、つまり日中友好協会と日本平和連絡会の代表が、率先して中国紅十字総会代表団の訪日招聘を提起した。会議終了時、日本赤十字社社長・島津忠承は正式に中国紅十字総会会長李徳全を招聘し、中国政府による日本人居留民帰国事業への尽力に謝意を示し、後に在日華僑がはじめて中国へ帰国する際、随行した日本赤十字社幹部が、再度中国側へ日本への招聘を伝えた。これに対し、中国紅十字総会代表は、日本側に対して「訪日の実現を心から期待している」と招聘を受ける旨を表明した。

日本赤十字社の責任者は歴代、皇室と関係深い者あるいは貴族の身分を有する者で、当時社長を務めていた島津忠承も貴族出身であった。島津氏が指導する日本赤十字社が日本人居留民の帰国協力に対する謝意を表し、中国紅十字総会代表団の訪日を要請することは、相互往来の慣例に合致するが、島津氏は帰国後「政府の同意を得ず単独で中国紅十字総会代表団の訪日を要請した」などと責められることとなった。一九五三年九月一一日、外務省アジア局の文書によると、第三次華僑送還について打ち合わせを行った際、三団体側からアジア局第五課長に対し、中国紅十字総会会長の日本招待を「邦人引揚げが概ね完了に近づいた頃（十一月初旬頃）に実現したい」と希望が出されたことが示されているが、その返答には「引き上げ完了後研究」と記載されている。その後、日本赤十字社の再度の問い合わせに、外務省は拒否を示した。その理由は本件が「中国共産党と左翼運動に利用され、日米関係への影響が懸念される」とのことであった。

ここから見られるように、当時、外務省の対中部門には当該事項に関する決定権は無く、外務省は内閣の最高指導者からの指示を受けていたと推測できる。時の首相・吉田茂の政治的立場からは、彼は共産主義の理念と共産党陣営に警戒心を抱いており、日本国内の共産党勢力に対し取り締まりの手を緩めず、おのずから新中国の共産党政権に対しても懐疑的であり、距離を置こうとしていた。他方、当時の日本政府は実用主義の政治的立場に立脚しており、対米一辺倒の外交戦略を行っていた。そして台湾当局と「日華友好条約」を締結後間もない時期であり、新中国政権との接触は極力避けたいと考えていた。長いあいだ外交活動に従事してきた吉田茂のバランス感覚からすると、北京とは出来るだけ交流を少なくすることで、台湾及びアメリカ政府に安心感を与え、それが日本の早期の主権回復につながるというものであった。このため吉田内閣にとって中国紅十字総会の訪日は一部の団体が勝手に招いた災いのようなもので、中国団体の招聘申請を延期或いは拒絶するのは当然であった。また、部下が上司の意図を過度に慮ったり、もっともらしく解釈したりすることも往々にして有る。

例えば、当時外務省の対中関係部署は、こういった内閣の「冷遇」をみて過剰な反応をした。中国からの帰国捕虜や戦犯団体による「中国帰還者連盟」が中国紅十字総会代表団訪日の為に「実行委員会」を組織したが、これを警戒すべく警察署内で通知が出されている。

機密解除された外務省の資料を確認すると、一九五四年三月「報告愛警公第五八四号」の右上には「極秘」と記載されており、報告内容は「中国紅十字会代表招請帰国者実行委員会の結成について」である。

「中国帰国者全国連絡会と東京都帰国者友の会では、都内帰国者寮住宅の代表を集めて代表招請の為の具体策を協議し、正式に実行委員会を結成すると共に左の様な具体策を打ち出した模様」「全帰連会長の上原三雄を選出した」と書かれており、委員会の任務と具体策は以下の通り報告されている。

一、委員会の任務

招請促進に関する対策を協議するほか、日赤、平連、日中の三団体と緊密に連絡協力し、関係当局に働きかけること。

二、招請のための具体策

一．各帰国者は早急にその居住地域毎に座談会、文化の夕などを開いて紅十字代表招請の主旨意義などを広く一般国民のなかに徹底する。

二．代表招請が実現した場合、どのようにお迎へするかを具体的に話しあい、こういう運動のなかで招聘促進のための署名運動を進める。

三．地域毎の労働者、農民、市民の各団体とも共同して地方議会などに訴える。

（外務省資料一九五四年三月「報告愛警公第五八四号」より）

以上の内容は全く一般的な情報で、同委員会も機密に関わる非合法活動でもない。実際、中国紅十字会総会代表団の訪日を実現させる為に日本の各種団体は協力活動を行った。日本政府の態度があいまいだったため、中国との友好団体はあらゆる方法で政府に圧力をかけ、「事在人為（やり方次第で事の成否が決まる）」という信念によって行動したため、政府も態

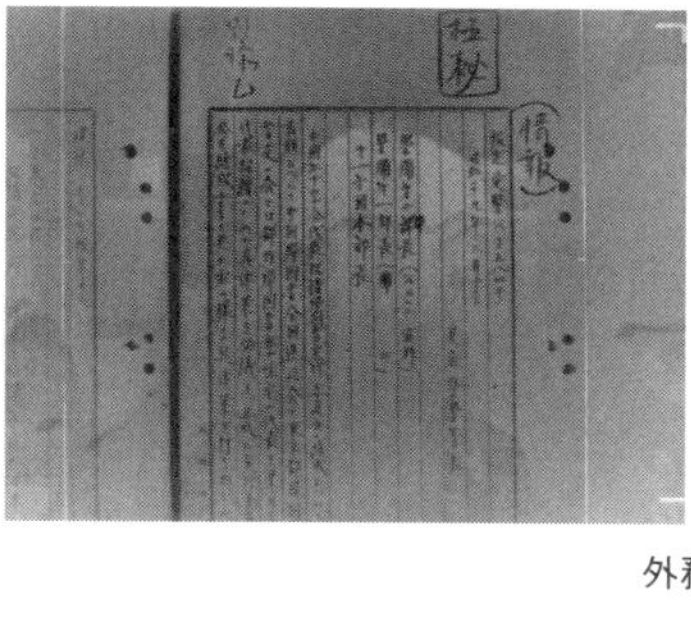

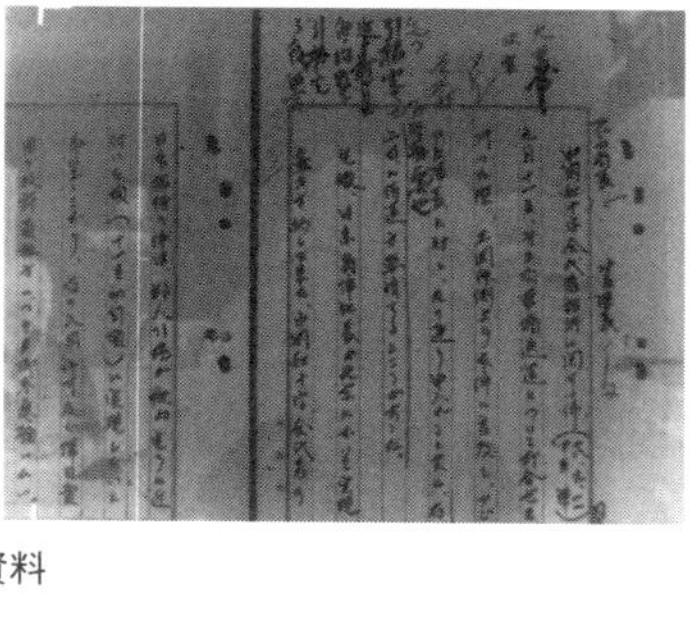

外務省資料

度を変えざるを得なくなった。その後数か月間にわたり、日本の各種団体や各都道府県議会・知事、そして多くの著名人により、中国紅十字総会代表団訪日招聘の嘆願書や決議書が外務省や他の政府機関に次々と届けられた。日中友好協会は、島津氏が日本赤十字社を代表して中国側を訪日招聘することに賛同、支持し、一九五三年一〇月を「日中友好月間」と定め、東京青山の日本青年会館において千人あまりの大会を開き、西園寺公一（一九〇六—一九九三）が提議した、中国紅十字総会代表招聘に関する決議案を満場一致で可決した。続いて日中友好協会はこの決議案を支持する署名活動を全国で展開した。各地の駅や繁華街の路上など、至るところで中国紅十字総会代表団訪日招聘のスローガンが見られ、メディアの関連報道も空前の規模であった。一時期、この話題は日本の官民で、最も関心が高く、敏感な話題の一つであった。

当時のこのような情勢は日本政府に大きな内政的、外交的圧力を与え、それにより吉田内閣は国家利益を最大化するための最善の解決方法を絶えず思考し、選択することになったのである。実際、吉田茂は米国政府の意を受けて台湾を含む西洋世界との「単独講和」を行い、「一辺倒」な外交路線を歩んでおり、中共政権と二国間関係を結ぶつもりはないと口にすることさえあったが、また同時に、今後の外交に方向転換の余地も残しておこうとした。吉田茂はのちに当時を回顧してこのように語っている。

私としては、台湾との間に修好関係が生じ、経済関係も深まることは、固より望むところであったが、それ以上に深入りして、北京政府を否認する立場に立つことも避けたかった。というのは、中共政権は、現在までこそ、ソ連と密接に握手しているが如く見えるけれど、中国民族は本質的にはソ連人と相容れざるものがある。文明を異にし、国民性を異にし、政情をも亦異にしている中ソ両国は、遂に相容れざるに到るべしと私は考えており、従って中共政権との間柄を決定的に悪化させることを欲しなかったからである。

（吉田茂『回想十年』下巻、中央公論）

新中国がまもなく各国の承認を得、国際舞台に登場するのは大勢の赴くところで、日中両国が敵対関係を続けることは不可能なことが、吉田茂にはよくわかっていた。そこで一九五四年ヨーロッパを訪問した際、イギリスやフランスに、経済、政治など各分野で新中国との交流を広げることを希望する旨を伝えていた。それは言外に日本もその後に続くことを暗示していたのである。ただこの件で米国と台湾を怒らせたくないと思い、強烈な反応が起きる事を心配していた。いうならば当時の吉田の対中政策は「二股外交」で、先に「現在台湾・澎湖列島を支配する政府」と結び、中国共産党政権が現在の方向性を転換する時を待ち、再度中国と全面的に和睦関係を結ぶというものだった。前後して、朝鮮問題の平和的解決とインドシナの平和復興問題に関するジュネーブ会議が一九五四年四月二六日から七月二一日まで開催された。この会議には中華人民共和国政府がはじめて出席し、周恩来が第三世界の代表として積極的役割を果たし、世界の注目を浴びた。このような内外世論の圧力の下、「日中貿易促進議員連盟」と衆参両院による「海外同胞引揚げ及び遺家族援護に関する特別委員会」は、超党派的な立場から中国紅十字総会訪日招聘に関する決議を繰り返し提出し、一九五四年五月に衆参両院を通過した。政府と民間の二十か月にもわたるすり合わせを経て、吉田内閣は一九五四年八月三日、中国紅十字総会代表団の日本入国に正式同意した。日本側の招聘がこのように難しい経緯を経て成功したことを考えれば、周恩来総理がなぜ代表団出発に際し「日本の土さえ踏めば、すなわち勝利だ」と言ったのかが理解できるだろう。

二．新中国の代表団が日本を沸かせた

1．李徳全　訪日前の呼び声

中国紅十字総会代表団をはじめて受け入れることとなり、日本各界がもっとも注目したのがその団長、つまり中国紅十字総会会長の李徳全女史であった。実は、李徳全は日本で早くから名の知られた人物だった。新中国誕生の二十年前、一九二九年六月二一日付け『東京朝日新聞』は、夫である馮玉祥（一八八二―一九四八）と閻錫山（一八八三―一九六〇）との面会に先立ち、李徳全が先ず山西省運城に到着して閻錫山夫人と会見し、馮玉祥の下野外遊問題について相談したと報道した。また同六月二四日付け同紙は、馮玉祥が夫人李徳全と娘を伴い、閻錫山との会談に臨むことを報じている。一九三二年二月二一日付『読売新聞』は「女子抗日軍を指揮する馮夫人　近く上海に乗り出し」と報じ、一九三七年五月二五日付『東京朝日新聞』は、中華民国軍事委員会副委員長馮玉祥と李徳全らが、山東省泰山で開かれる革命殉難者祠堂建立式出席のため現地に到着したことを報じている。しかし李徳全の名前と写真がふたたび日本のメディアに登場するのは、一九五〇年、日中両国による日本人居留民帰国問題についての交渉の後である。当時、李徳全は日本の各界から、誕生間もない新中国政府の象徴、あるいは対日関係のスポークスマンと見られていた。なぜならば新中国成立後、早急に解決しなければならない課題は、まず敗戦後中国に残された日本人居留民と、中国に拘留されている日本人戦犯という二つの問題だったからである。これらの問題を協議するにあたり、最も重要な中国側の窓口は中国紅十字総会で、この新しい機関の責任者こそ、元軍閥夫人で、当時中央政府の衛生部長など複数の役職を兼ねていた李徳全だったのである。

一九五二年末、中国政府は中国国内に日本人居留民が約三万人存在し、日本人居留民の帰国事業への協力を決定したと発表した。一九五二年一二月一六日付け『朝日新聞』は「クローズアップ」というコラムで、「生粋のクリスチャン―結実した児童福祉事業」と題し、李徳全を詳しく紹介している。

中国には名前だけみたのでは男か女かわからぬ人物が多い。北京政府の衛生部長をしている李徳全などもその一人だ。徳は婦徳で、それが十全だという意味だから女の名に決っているといわれても、われわれ日本人にはピンと来ない。

もっとも彼女の場合は、男とまちがえるのは、あながち名前ばかりではない。円い顔は浅黒く、上背もあり一見男に見まごう容姿。河北省通県の生まれというから、典型的な北方女性である。女史は衛生部長のほかに、日本の赤十字社にあたる中国紅十字会の会長をしていて、去る七月国際赤十字総会がイタリアのトロントで開かれたさい、紅十字会の代表を引責して出席し、例の細菌戦問題で大いに熱弁をふるった。こんど新中国地区「三万」の抑留日本人送還問題で、中国側の当事者として大きくわれわれの前に浮かび上ってきた。日本の代表が北京に行けば、必ず紅十字会会長の李女史と顔をあわせることになろう。

彼女は中共党員ではなく、人民政協以来、中共に同調しているいわゆる"民主人士"の一人だ。その彼女が宋慶齢とならんで婦人として政府の要職についているのは、宋女史が国父孫文の未亡人であるがごとく、故馮玉祥将軍の未亡人だからだという人もある。つまり親ソ反蔣で鳴らした馮将軍が新国家の誕生を見ず不慮の死をとげたため、その功にむくゆるためのお代わりだというのだが、それは当っていない。馮玉祥との関係を別にしても、彼女は自身として今日のポストにふさわしい人だ。三代にわたる牧師の家に生まれた彼女は生粋のクリスチャン。はじめ北京でも上流学校として有名な貝満《ベイマン》女子中学に入り、途中ロックフェラー財団の経営する協和女子大に転じたが、ささいなことで米人教師からひどくしかられ、これが若い徳全の中に民族意識を植え付けたといわれる。

卒業後貝満女中の教師、北京キリスト教青年会幹事などを経て廿九歳のとき、馮将軍の後妻になった。

馮将軍がクリスチャン・ジェネラルと異名をとるにいたったのは、ひとえに夫人の感化によるものといわれる。その後夫にしたがって革命後の外モンゴル、ソ連を歴訪、抗日戦中は重慶にあって婦女慰労協会、中ソ文化協会婦人委員会などの仕事をし、戦後は内戦の混乱の中に中国児童福利事業協進会を組織し、託児事業に努力した。今日北京政府の指導のもとに全国で六万五千、収容児童四十五万七千という、中国でかつてみない異常な託児事業の発展は、そのころからの彼女の努力の結実にほかならない。

一九四八年馮将軍とともにアメリカからソ連を経て帰国の途次黒海で乗船に火災がおこり、馮将軍は焼死し夫人も一時は死んだといわれたが、やがて傷心の身を故国に現わした。翌年人民政協に参加、新国家成立とともに衛生部長に就任、また紅十字会会長を兼ねて、新中国の保健衛生、福祉事業を一手に受持っている。年齢不詳。

この報道にはいくつかの誤りがある。該当する赤十字国際会議は「イタリアのトロント」ではなく、「カナダのトロント」で開かれたのであり、馮玉祥は李徳全との結婚前に既にキリスト教徒であり「夫人の感化」を受けたわけではない、また「北京キリスト教青年会」は正しくは「北京キリスト教女子青年会」である。しかしその他大部分は事実と合致している。文中で強調している通り、李徳全が新中国初の衛生部長と中国紅十字総会会長という要職に就いたのは、主に自身の長期にわたる児童保育、教育、福祉事業における強い意志と大きな成果によるもので、決して亡き夫・馮玉祥の代わりというわけではない。これは当時のメディアの李徳全評が客観的で、評価基準もおおむね公正だったことを反映している。上述の『朝日新聞』のように李徳全に対する客観的で公正な紹介は、のちの中国紅十字総会代表団訪日に好意的な流れを作った。また文中、李

晩年の李徳全

徳全の印象をことさら誇張する傾向は、その後の報道にも踏襲されており、一九五四年一〇月三一日の『朝日新聞』「天声人語」は次のように表現している。

李女史は日本の厚生大臣に当る衛生部長で、孫文未亡人の宋慶齢女史と並び称される代表的中国女性だが、中共赤十字社長としてわが同胞の帰国には親身に骨折ってくれた。こんども中国で〝戦犯〟扱いされている邦人約一千名の名簿を携えてきた。

李徳全に対する当時の報道の重点を振り返れば、日本の官民が当初、彼女と中国紅十字総会代表団に対して抱いた興味や感想は、以下の数点に集約されていたことが分かる。

まず、共産党指導下の新中国政府にも社会慈善、福祉をうたう赤十字会組織があり、この機関は国際赤十字運動と基調をともにし、真摯に課題に取り組み、有効な成果を上げていること。そしてそれは、ここ数年来日本赤十字社と緊密に協議しながら行ってきた、日本人居留民帰国事業によって実証されたということ。このようにして多くの日本人の心を掴んだ新中国の慈善事業は、女性的なやさしさと男性的なさっぱりした性格を併せもつ、李徳全の「おばさん」のようなイメージによって解釈され、共産党に関する「洪水と猛獣（のように危険なもの）」、「極悪非道」といった噂は次第に消されていった。李徳全の訪日前、日本の新聞は次のように紹介している。「一見五十五・六才、色黒で丸顔の肥った大柄の人で、流ちょうな英語を話し、物静かで貫禄は十分とのこと、また第一印象は無愛想であるともいっている」（『赤十字家庭新聞』一九五四年九月一五日）。日本における新中国政権への見方も懐疑的なものから肯定的なものへと変わってきた。

第二に、李徳全はキリスト教徒と軍閥将軍夫人という背景を持ち、当時共産党員でないにもかかわらず新中国政府で高級幹部職に就いており、一見矛盾するようだが、これは新中国が共産党を中心として「政治協商」体制をもち、多元的、団結、包容といった特色をもっていることを対外的に示す役割を果たした。このような官職や人選は、ソ連共産党政権の単一的なやり方とは一線を画すものとして捉えられ、新中国政権はそれほど極端でも、世の道理や人の常識に背くものでもないと日本人に想像させた。こうして日本の民衆は次第に新中国政府に親近感と信頼感を抱くようになったのである。当時日本におけるキリスト教のイメージは主に平和と友愛に関連づけられいた。一九三〇年代、李徳全は既にキリスト教信仰から遠ざかりはじめ、次第に共産党の無神論的世界観に近くなっていたが、彼女の二度の訪日期間中、日本のメディアは彼女がキリスト教徒であるという話題を非常に好み、彼女を「永遠のキリスト教徒」とまで言っていた。

第三に、李徳全は女性でありながら新中国政府で「大臣」に相当する高い役職に就いていたが、これは当時の日本では想像もできないことであり、大きな反響を呼んだ。一九五二年冬、アジア太平洋地区平和会議で李徳全に会った日本の女性活動家である高良とみの印象によれば、

「李女史は色黒く、丸っこい顔に、眼鏡をかけていた。十六、七貫はあろうと云う大柄な体に、紺木綿の粗末な中国服を着て、いかにも品のいい、「小母ちゃん」といった感じだが、豪州代表に対して、熱心に説得をこころみるしんの強さは、彼女が斗志まんまんであることを示していた。

（高村耕一「李徳全という女—赤い中国のクリスチャン—」『人物往来』一九五四年一〇月号）

「女性解放」「男女平等」は現代文明の中で、きわめて重要な特徴の一つであるが、中国より先に近代化を果たした日本では、李徳全のような女性活動家や政治家はまだ世に出ていなかった。彼女のように質朴で普通の女性が意外にも新中国の政治舞台で大役を担っていることに、当時多くの日本人が関心を寄せ、好奇心をもったであろうことは想像に難くない。

2. 大きな興奮と深い心情

初訪日を控えた中国紅十字総会代表団は、団長の李徳全のほか、副団長に廖承志、団員として紅十字総会副会長・伍雲甫（一九〇四―一九六九）、紅十字総会副秘書長・倪斐君（一九一二―一九六六）、紅十字総会顧問・趙安博（一九一五―一九九九）、紅十字総会連携部長・紀鋒（一九二九―一九九八）、代表団秘書の肖向前（一九一八―）、新華社随行記者の呉学文（一九二三―）、通訳の楊振亜（一九二八―）と王効賢（一九三〇―）、総勢一〇名であった。周恩来総理は代表団の出発に際して廖承志に「君は李姉さんを補佐して、必ずこの団をうまく引率するように」と指示した。代表団訪日期間中、具体的な会見や商談等の多くは廖承志が主宰あるいは参画し、李徳全は訪日団のいわば「顔」としての役割を担っていた。代表団は一九五四年一〇月三〇日より、東京、横浜、名古屋、京都、大阪、神戸の六都市を訪問し、計一四日間の行程はすべて日本のトップニュースとして騒がれ、各メディアは訪問活動を逐次報道し、天地を覆うほどの記事と写真が人の目にふれない時はなかった。中国紅十字総会代表団が羽田空港に到達した日の晩は、出迎えの日本人で空港ロビーは立錐の余地もなく、空港の外にも二、〇〇〇人あまりの人が集まり、それまでのどの民間外国人訪日団の歓迎よりも、その規模と加熱度合において群を抜いていた。日本の各界もこの新中国初の訪日代表団に注目し、その焦点は団長の李徳全女士にあてられていた。のちに日本の記者は、その理由をこのように回顧している。

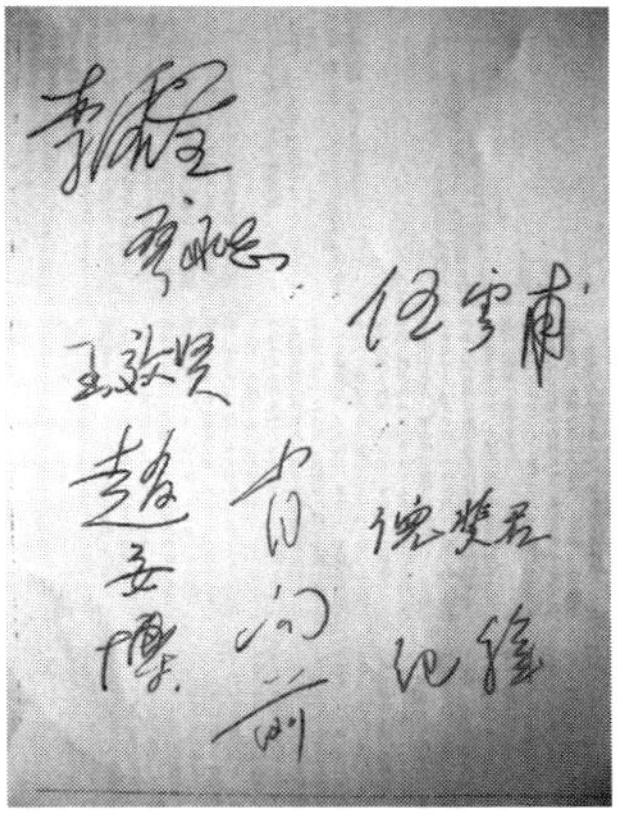

代表団メンバーの署名

一九五四年秋、李徳全女史が中国紅十字会代表団の団長としてわが国を訪れたとき、日本の新聞は歓迎の筆を揃えて最大級の賛辞を惜しまなかった。

東京はじめ各地の歓迎ぶりにも、彼女があたかも「中国のヘレンケラー」でもあるかのように聖女扱いするふうがあった。むろん、それには当時のわが国にそれだけの理由があった。

戦後十年を経ようとして、なお故国に帰れない多数の不幸な同胞をなんとか返してもらわねばならぬ。中国紅十字会長である李徳全女史が救世主のように見えたのも必ずしも無理ではなかった。中には彼女が生前あまり評判のよくなかった馮玉祥の未亡人であること、彼女自身にも暗い過去があったことなど、ことさらにあばきたてる向きもないわけではなかった。また、戦犯や留用者の名で中国にいる日本人を無期限に留めておく中共の

中国紅十字総会代表団の東京到着

一種の人質政策に心よからぬ日本人も少なくなかった。しかし、未帰国者の留守家族はもとより、日本人の大多数にとっては、なにはともあれ、異国の丘に泣くあわれな同胞を一日も早く、一人でも多く、故国に帰してもらうことが、急務中の急務だったのだ。そのためには中共に対する不満も忍ばねばならない。まして李女史の過去がどうあろうと問う必要は少しもなかった。彼女を迎える舞台装置も、観衆心理もできていた。新聞はこのような国民感情を代表したにすぎない。

それに、李徳全女史は、このような舞台に登場するにはうってつけの役者なのだ。演出者としての中共はおそらくそのテキ面の効果を予知していたであろう。その昔、馮玉祥将軍に見そめられたころの、若き日の李徳全は美人であったにちがいない。

（橘善守『招かれて見た中共』毎日新聞社、一九五六年、一五八—一五九頁）

文中にあるヘレン・ケラー（一八八〇―一九六八）は周知の通り米国の社会福祉活動家である。視覚と聴覚を失った障害者でありながら、障害者教育や福祉に貢献し、第二次世界大戦中には多くの病院を訪問し、傷病者を慰問した。誰もが彼女の慈善精神を讃え、彼女は世界中の女性の手本とされた。当時、日本人は李徳全をヘレン・ケラーにたとえて、主に彼女が日本人居留民とその家族が再び逢えるよう尽力しているという点に着目した。李徳全と中国紅十字代表団訪日に関するメディアの報道はすべてこの調子であった。

中国紅十字総会代表団が羽田空港に着くと、日本の朝野の焦点はみな李徳全に集まった。報道によれば、「李団長を先頭に、七氏がタラップを降りて」来ると、「打ちふる小旗が一斉にざわめき、拍手が起る。フラッシュの光の束。」「黒のオーバー、コゲ茶色の中国服をまとった温顔、小ぶとりの李女史」は「島津社長と握手を交わしたときは、もう温顔に微笑をふくんでいた」「次々と歓迎の握手攻めに、一行はもみくちゃに」され、その後「島津社長二女慶子ちゃん（一一）をはじめ、十人の日中少女たちが一行に花束を贈」ると、李徳全は「マイクの前に進む。中日親善をうたう中国語のステートメントを読みあげる女史の声は、一語一語はっきりと、ややカン高い」。（「李徳全女史ら昨夕入京―羽田に盛大な歓迎陣」『朝日新聞』一九五四年一〇月三一日）

続いて一〇月三一日付け『朝日新聞』夕刊に、当日午前、日赤島津社長に伴われ、李徳全が代表団と共に日本赤十字社を訪問し、「日本侵華戦争罪犯名冊」と表紙に書かれた戦犯名簿を島津社長に手渡した様子が報道されている。これは日本の官民にとって、李徳全たち訪日団の贈り物の中で最も重要なものだった。

この日の日赤本社は大赤十字旗をかかげた正門だけを開いて厳重な入場制限、門の外には中に入れなかった労組員が赤旗をおし立て門の中にはかわいい少年赤十字団員が手に手に赤十字の小旗を持ち、少年赤十字の歌「空は世界に続いている」を合唱しつつ一行の到着を待つ。十一時三十六分李団長、王通訳を乗せた一号車を先頭に一行は正門を通過した。トビ色の中国服の李団長はニッコリ笑って車からおりると待ち構える島津社長と固い握手をかわす。

（「李団長、戦犯名簿を手渡す」『朝日新聞』一九五四年一〇月三一日夕刊）

記者は特に、日本赤十字社が同日夜に開催した中国代表団歓迎会で、李徳全女士が東京都目黒区原町小学校一年生の田村節子から花束を受け取り、この少女を抱き上げ頬ずりするその様子を報道した。それはまるで、人々の心の中の「おばさん」のイメージを実証したようであった。李徳全の声や姿だけでなく、一部の報道では彼女が日本の関連機関との公式な接触以外の、人情味あふれる交流の模様を伝えた。彼女は過密スケジュールの合間を縫って、以前からの友人と会い、日本にある中国人関連史跡を訪れ、日本人の李徳全に対するイメージは、より温かく、親しみやすいものになっていった。一〇月三一日付け『読売新聞』夕刊は、その日の代表団の恒例行事を報じ、また早朝かつて馮玉祥の軍事顧問を務めた松室孝良が代表団の滞在先に李徳全を訪ねたことや、廖承志が日本の古くからの友人である清水謙に会った様子などを伝えている。翌一一月一日、代表団は箱根へ向かう途中、神奈川県藤沢市を訪れ、当地で水死した中華人民共和国国歌の作曲者聶耳（一九一二—一九三五）氏の記念碑除幕式に出席した。

この日は式場を中心に横浜の華商、学童たちが結成している黄河合唱団や中国音楽研究会員らをはじめ約二千人（藤沢署調べ）が両国の小旗を持って参列、記念碑の幕は李女史と金子市長によって取り払われた。

……

李女史は「わが国の偉大なる作曲者聶耳先生の記念碑が藤沢市のみなさんの手で建てられ盛大な除幕式が行われたことは中国人の深く感謝するところであります」とあいさつした。

（「李女史からの花束―中国の作曲家聶耳氏の碑除幕式」『朝日新聞』一九五四年一一月二日）

個別の会見のほか、中国紅十字総会代表団は東京、京都、大阪で行われた三度の歓迎集会に参加した。出席した日本人と華僑はそれぞれの会場で、三千人、一万五千人、三万一千人と、段々と規模が大きくなり、雰囲気もますます熱気を帯びていった。李徳全が帰国の途についた一一月一二日、『朝日新聞』夕刊に、女性評論家丸岡秀子の「李徳全さんとの三〇分」と題する一文が掲載され、李徳全が帰国前に日本の女性団体による歓迎会に参加した際の印象が述べられている。これは中国紅十字総会代表団の初来日成功に関する、日本メディアの総合的評価を代表しているといってよいだろう。

明るい歓声のもれる日赤講堂の正面に李徳全さんはどっしり座っていた。

夫人団体の歓迎会が開かれる時刻もだいぶ過ぎたので、あわてて迎えにきたのだったが、思わずこの笑いにまきこまれた。李徳全さんは大きな身ぶりで座をとりもち、楽しいフンイキに溶け込んでいる。かまえや気どりがない。

ダンスの間をぬって握手をかわす。今日は黒の中国服である。ひきつめにした髪には何の飾りもない。眼鏡の底に光る目は時に鋭く、時に温かい。シンの強い巨木という感じである。日本の女性でこんな風ぼうを探すとだれだろうか、植村環さんあたりかな、などふと考えた。

……

李徳全さんの人気といえば、肩をはらぬ平淡さではなかろうか。そして話上手でもあるが聞き上手だという気がした。私もそれにつられて帰りぎわにこんなことを大急ぎでいった。「婦人の間には過去の人だの、今日の人だのという区別はないと思う。また立場や見解をい い張って対立する余地もない。婦人層全体がやっと社会的発言や権利に立ち上がりはじめた若い世代だとお考えになりませんか」といったら、李徳全さんは深くうなずいていた。

李徳全さん一行の訪日は、両国の赤十字社同士のことであり、用事も引揚問題に限ってのことであった。しかしこのことが遺家族婦人たちの涙につながる問題であってみれば、日本の婦人全体の平和への願いと無関係でないのはいうまでもない。

帰る通路の人がきは、名残を惜しむ心にあふれた。歓声がわいた。遠のく車を見送る夜空は晴れつづく秋気に満ちていた。

（丸岡秀子「李徳全さんとの三十分　肩をはらぬ平淡さ　話上手で聞き上手」『朝日新聞』一九五四年一一月一二日）

この日本の女性活動家の視点をもってみると、李徳全が日本の朝野から新中国の「顔」として受け入れられたのは、慈愛に満ち、質朴で親しみやすい外見のためばかりでなく、内に秘めた剛毅、自信と落ち着きのゆえでもあった。李徳全の日本に対する態度は友好的でまた原則にのっとており、新中国の女性が政治的才能と優しさを併せ持つことを象徴しており、これはまさしく李徳全の本来の姿だったのである。

李徳全と日本人女性との握手

3. 妨害と陰謀

李徳全と中国紅十字総会代表団の訪日を終えた時、受入業務を担当した日赤の副会長・葛西嘉資は心からほっとして感慨にひたった。彼は李徳全を無事に送り出し、この訪日団の成功を振り返る文章を残し、その中で「李女史一行を迎え、私が最も苦心したのは『政治的目的に利用されないように』という政府の注文に努力したことだ」と語っている（葛西嘉資、論壇「李徳全女史を送って」『朝日新聞』一九五四年一一月一三日）。

民間団体から李徳全らの訪日招請動議が出されてからというもの、吉田内閣は長いあいだ板挟みの状態におかれ苦境にあった。日本政府は在外邦人の帰国を進める責任を負ってはいたものの、アメリカや台湾が、日本と新中国との過度な接近や関係改善を非難することを恐れていた。新中国政府が早期に戦犯釈放と日本人居留民引揚げに協力することを希望しながらも、中国代表団訪日招聘は頓挫することが一番望ましいと思われていた。そのため、衆議院は一九五四年五月二七日、参議院は翌二八日「中国紅十字会代表招聘に関する決議案」を可決したが、外務大臣・岡崎勝男（一八九七―一九六五）は「院議は尊重する」としたものの、「院議は別にいつまでに入国許可を与えよとは言っていないから、いつのことになるかわからない」と明言を避けていた。八月一日になり、岡崎外務大臣はようやく重い腰をあげた様子で「中国地区残留の日本人引揚げについて中共赤十字会長李徳全女史を日本に招き話し合う方法もある」と語った（「李会長招請も一方法

引揚問題　岡崎外相語る」『朝日新聞』一九五四年八月二日）。その翌々日、岡崎外務大臣は閣議後の記者会見で「諸般の情勢からみて近くこの問題について決定を下さざるを得ない情勢になっている」と述べた。それを受けて外務省は「政治的に利用しない」という条件をつけて折れたが、この動きは台湾側に衝撃を与え、不満を引き起こした。八月八日台北発の報道によれば「李徳全社長以下中共赤十字社幹部を日本に招待するとの日本政府の決定はこれまでこの問題について概して楽観的であった国府政府筋に衝撃を与えている。国府政府筋は従来日本と国府のとの友好関係からして、日本政府は中共幹部を招待することは控えるだろうとの見方をとっていたと伝えられている」（「国民政府に衝撃与う　李徳全女史の訪日決定」『朝日新聞』一九五四年八月九日）。これは李徳全等の訪日を「政治利用されないように」という外務省の懸念と相反するもので、最終的には政治利用されることは免れないだろうことを意味している。

まず台湾駐日大使・董顕光は八月二六日記者会見を行い「李徳全女史が日赤に招待される問題について、わが政府はかつて日本政府に阻止を要請したが、日本の内部事情のため、これを徹底できなかったことははなはだ遺憾である。李徳全は中共紅十字会長であるのみならず中共組織の高級職員である。自由国家のうちに中共組織の高級職員を招待するということは、これまであまりなかったことである。李徳全招待は明らかに日本にとって不利である。中共紅十字は一般自由国家にあるような純粋な民間団体でなく、李女史一行は必ず共産主義の陰謀をもち、日本への浸透などいろいろの任務をもっている。その目的とするところは、自由諸国と日本とを離間し、日本政府と国民の間を割こうとするもので、これは日本政府の政策に反する」（「李女史招待は遺憾　董

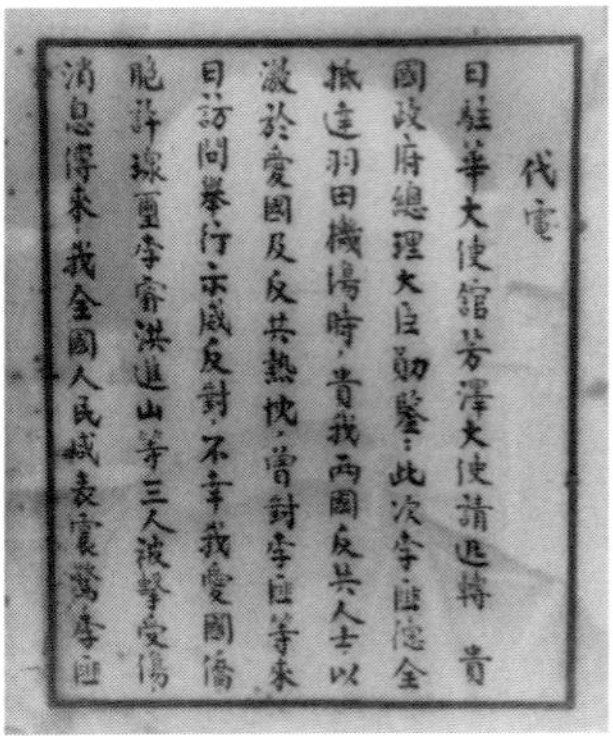

代電
日駐華大使館芳澤大使請迅轉 貴
國政府總理大臣勛鑒：此次李匪德全
抵達羽田機場時、貴我兩國反共人士以
激於愛國及反共熱忱、曾對李匪等來
日訪問舉行示威反對、不幸我愛國僑
胞許璪璽李寄洪進山等三人被擊受傷
消息傳來、我全國人民咸表震驚、李匪

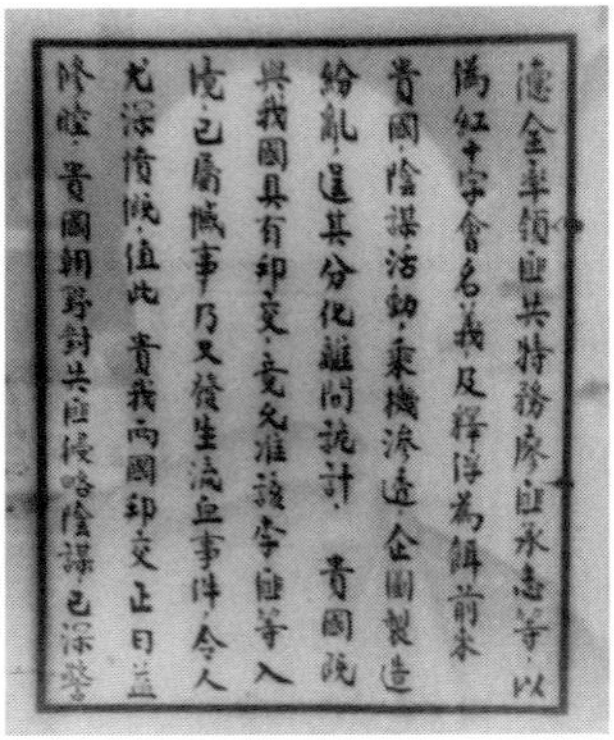

德全率領匪共特務廖匪承志等、以
偽紅十字會名義及釋俘為餌前來
貴國、陰謀活動、乘機滲透、企圖製造
紛亂、達其分化離間詭計、 貴國既
與我國具有邦交、竟允准該李匪等入
境、已屬憾事、乃又發生流血事件、令人
尤深憤慨、值此 貴我兩國邦交正日益
修睦、貴國朝野對共匪侵略陰謀已深警

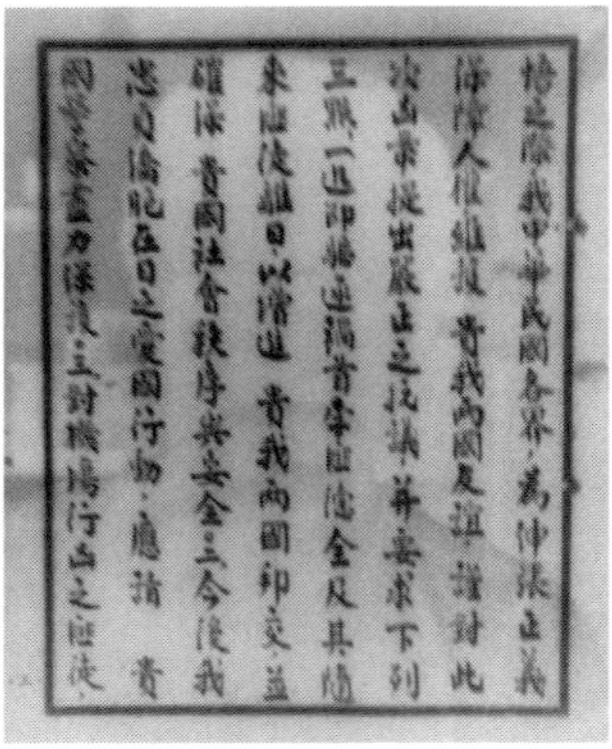

惕之際、我中華民國各界、為伸張正義
保障人權維護 貴我兩國友誼、謹對此
次血案提出嚴正之抗議、並要求下列
三點：(一)迅即驅逐禍首李匪德全及其隨
來匪徒離日、以增進 貴我兩國邦交、並
確保 貴國社會秩序與安全、(二)今後我
忠貞僑胞在日之愛國行動、應請 貴
國警察盡力保護、(三)對機場行凶之匪徒、

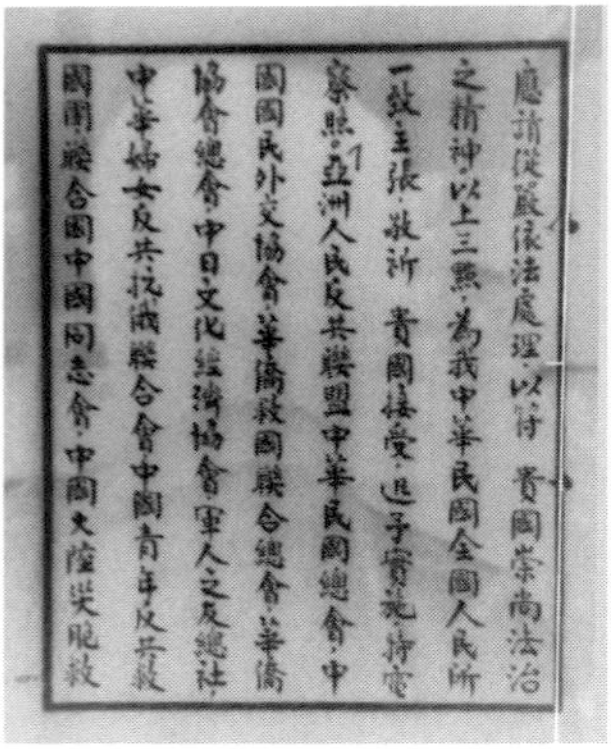

應請從嚴依法處理、以符 貴國崇尚法治
之精神、以上三點、為我中華民國全國人民所
一致主張、敬祈 貴國接受、迅予實施、特電
察照、亞洲人民反共聯盟中華民國總會、中
國國民外交協會、華僑救國聯合總會、華僑
協會總會、中日文化經濟協會、軍人之友總社、
中華婦女反共抗俄聯合會、中國青年反共救
國團、聯合國中國同志會、中國大陸災胞救

台湾から日本の外務省に送られた文書

中国大使談話」『朝日新聞』一九五四年一〇月二七日）と述べた。

日本政府はさまざまな治安情報を得る中で、中国紅十字総会代表団の訪日は「歓迎」と「反対」二つの勢力の衝突を招くであろうと予測し、李徳全ら代表団の安全確保のため公安調査庁、警察庁、内閣調査室などが警護にあたった。日本共産党は一万人近くを動員し、そのほか労働組合、学生会、華僑、在日朝鮮人なども中国紅十字総会代表団の護衛にあたった。この十数日の訪問の間、友好団体や民衆は警察と協力して李徳全一行を護衛したが、始終、右翼や台湾当局による陰謀や妨害があったようだ。

一一月一二日中国紅十字総会代表団は訪日日程を終え帰国した。その日の『朝日新聞』夕刊には、代表団訪日の全行程に同行した警視庁警備一部警衛課の伊藤実警部（四五歳）の話が掲載された。

日赤から話があったのは先月の十五日ごろで、私と杉山君（杉山満巡査）が選ばれて警護に当ることになった。別に中国語が出来るワケではないんですが、護衛の仕事は割合いなれている方なので…。警視庁の李女史に対する警護は外国賓客なみで、身辺には私と杉山君が付き添うほか、帝国ホテルにはいつも私服三人が昼夜交代で警戒に当りました。一番心配したのは某方面からの刺客と、また一人一党的な若い者が無考えなことをしはしないかということでした。李女史の身体にちょっとでも間違いがあっては国際信用の問題ですからね。この間、ホテルの内部を通っての侵入者は一応ないとして、やはり心配したのはホテルの外部からの発砲、投石と外出した時です。ホテルでは李さんが電気を消す時は私たちも同時に消し、カーテンも一緒に開閉するようにして、外部からはどちらの部屋に女史がいるのかわからないよう苦心しましたし、外出するときは車のスピードの落ちるカーブが一番ねらわれやすいというワケで、曲がり角に来るたびに、油汗が流れました。これは誇大妄想ではないんで、某方面から選り抜きのピストルの名人数人が潜入しているという、相当確実な情報があるんです。実際、京都、大阪ではそれらしい怪人物が常につきまとっていて、全くイザという時は身替りになる覚悟で、夜も寝られませんでした。帰京して帝国ホテルにでも投宿していればこれは本物だというんで、泊り客を◯◯(二文字判読不能)に調べましたが、マァそんな様子もないんでヤレヤレでしたよ。

(「心配した刺客の襲撃」『朝日新聞』夕刊、一九五四年一一月一二日)

三．中国代表団と日本とのつながり

1．中国紅十字会と日本赤十字社

新中国誕生後、中国国内に残された日本人の帰国問題について、中国政府と最も頻繁に接触したのは日本赤十字社であった。日本赤十字社の歴史は大給恒《おぎゅうゆずる》（一八三九―一九一〇）と佐野常民（一八二二―一九〇二）が一八七七年に設立した博愛社に始まる。その後一八八六年日本政府がジュネーブ条約に加入したことに伴い、翌一八八七年に名称を日本赤十字社と改称した。現在の日本赤十字社は一九五二年制定「日本赤十字社法」に基づいて設立し、活動を開始した認可法人である。日本赤十字社は皇室とも深いかかわりをもち、皇室の慈善精神を体現している。例えば、日本赤十字の名誉総裁はおおむね皇后陛下が担当しており、名誉副総裁は同じく皇族が担っており、社長職は一般的に旧貴族出身者である。日本赤十字社は各都道府県に支部を置き、ほとんどの支部長は知事が兼任しており「半官半民」の性質をもつ。日本赤十字社の基本原則は人道、公平、中

中国在住の日本人医療スタッフの帰国

立、独立、奉仕、単一、世界性などで、主な職責は国内外の災害救護、医療、血液、社会福祉などの事業、救急法の普及、青少年赤十字、ボランティア活動などを行っている。

一方、中国紅十字会は日本に遅れて創設され、一九一二年にようやく赤十字国際委員会の承認を得た。一九五〇年、中国共産党政府は元の中国紅十字会機関を改組し、「中国紅十字総会」と改称して新しい理事会を設立し、中国紅十字総会を「中央人民政府指導下の人民衛生救護団体」と決めた。組織再編後、中国紅十字総会の初代会長に李徳全が任命され、一九五〇年一〇月にモナコで開催された第二一回赤十字社連盟理事会に出席した。そして一九五二年七月トロントでの第一八回赤十字国際会議で、中国紅十字総会を唯一合法の赤十字組織と認定するよう働きかけ、国際赤十字の活動に積極的に参加し、多方面にわたる友好協力関係を築いていった。

中日両国赤十字が交流を深めたのは、第二次大戦後、中国大陸に残されていた多数の日本人居留民と戦犯の引揚げ帰還問題からである。日本赤十字社が戦後最も早い時期に取り組んだ大きな国際事業は、海外在留邦人・朝鮮人の引揚げ援助だった。日本政府の推計によれば、一九五〇年四月時点で六万人余りの日本人が中国東北地区に在留していた。これらの人々の家族は、日本国内で焦燥にかられ、落ち着かぬ日々を送っていた。そこで日本赤十字社は一九五〇年六月、第五八回通常総会において在外抑留同胞引揚促進に関する決議を採択し、連合国軍最高司令部、赤十字会国際委員会、国際赤十字・赤新月社連盟に協力を求めた。

初めてソ連が（国際会議に）出席したのは、モンテ・カルロの会議（一九五〇年）だったが、この時も交渉はうまくいかなかった。また、中国の李徳全女史とは会食で一緒になり、引き揚げ問題について協力要請をしました。返事はよかった。ひとつ私が感心したのは、長い間の戦争のことでもあり、いろいろ両国の間に良い話も悪い話もあるだろうが、中国紅十字会としては、すべて善意に解して協力すると言う訳ですね。

（島津忠承　一九八四年のインタビューより、『そして新たな旅立ち』日本赤十字社、二〇〇三年、第一〇七頁）

李徳全は会議を終えて帰国した後すぐに、中国国内に残された日本人の状況について調査統計を行わせた。一九五二年の末、中国側は北京放送で、中国国内の在留邦人送還の準備が整ったことを伝え、翌年年初に日本赤十字社、日中友好協会、日本平和連絡会の三団体が中国を訪問し、邦人の帰国について打合せすることを要請した。一八五三年一月三一日、日本の三団体が北京入りし、両国代表は長期にわたる協議を経て、三月五日「日本人居留民の帰国援助問題の協議に関するコミュニケ」に調印した。そして三月中旬には興安丸、高砂丸、白山丸、白龍丸の四隻が舞鶴港を出発し、先ず中国から日本人四、九三七名の帰国が始まり、その後同年一〇月までに、七回計二六、一二五名が日本に帰国した。そして一一月一二日、中国紅十字総会から三団体に「日本居留民の集団引揚げはここに打ち切られました」「今後もし個別に日本居留民が日本に帰国を希望する時は中国紅十字会は引き続き協力いたしたいと思います」という電報が届いた。このような背景もあって、三団体は一九五三年初の訪中後から進めていた中国紅十字総会代表団訪日招聘の実現をさらに急ぐことになった。翌一九五四年七月二二日、ようやく外務省からの承認を得て、八月三日に正式な招聘状が出された。八月一九日北京放送は日本人戦犯四一七人の釈放を発表、彼らがすでに一般人の身分で帰国を申請している旨を伝えた。

中国紅十字総会代表団の訪日招聘は三団体が共同で申請し、招聘の主な理由は中国国内の日本人居留民帰還事業への協力に対する感謝であった。海外在留邦人の引揚げは日本赤十字社の管轄業務であるため、日本赤十字社が筆頭の受け入れ団体になるのはごく自然なことであった。日本赤十字社は副会長葛西嘉資を委員長とし、外事部長工藤忠夫を副委員長とする歓迎準備事務局を組織し、委員は二五名とした。事務局は各方面と協議を重ね、時期、場所、人員など具体的な事項を策定し、中国代表団訪日の全日程を手配した。

李徳全と島津忠承

「好事魔多し」と言われるように、中国紅十字総会代表団は日赤の招請を受けてから一年半あまりを経てようやく実現した。一九五四年一〇月末、李徳全一行はついに日本に降り立ち、日本の官民は歓喜の渦に巻き込まれた。日本赤十字社は中国国内在留日本人の帰還事業に対する中国側の協力に感謝を示し、両者はまだ中国国内に残されている個別の日本人の帰国を推進するとの共通認識に達した。特に中国紅十字総会代表団が日本人戦犯名簿と戦犯死亡者名簿を携行するとは、日本側は予想だにしていなかった。

東京に到着した翌日、李徳全一行は島津忠承の案内のもと日本赤十字社に向かった。前日に日本側が催した盛大な歓迎に対し感謝の言葉を述べ、赤十字本社に中国画家斉白石の「南天」と「水仙」の軸を、赤十字社長と副社長に北京の筆やすずりなどを贈った。しかし最大の贈りものは、「日本侵華戦争罪犯名冊」と「日本侵華戦争罪犯死亡名冊」

であった。この二冊の活版刷りには中国国内に拘留中の日本人戦犯一、〇八六名（うち一名は重複）と死亡者四〇名の姓名、本籍、住所、所属が記載されていた。これを一刻も早く、報道機関を通じて留守家族に伝えるため、赤十字社職員と厚生省事務官が謄写版刷りにとりかかった。一〇時四〇分から一六時四五分まで休まず刷り上げた一枚一枚を報道機関に発表し、それがラジオ、新聞を通じて全国に伝えられたのである。

李徳全一行は、日本赤十字社からホテルへ戻り、参院議員大山郁夫、日中友好協会理事長内山完造らと昼食をともにし、午後は芝八芳園での歓迎パーティーに臨んだ。戦後中国を訪問した人びとが主催したこの席には、与野党議員ほか婦人代表、文化人代表、一般人総勢一五〇名が参加した。その後、一行は日本赤十字社の講堂で行われている東日本留守家族大会に出席した。

この大会席上には戦犯者名簿の氏名がつぎつぎに発表され、ワッと喜びに泣く家族の姿もみられ、李会長は元満州国総務庁長官武部六蔵氏（六一）の孫河村春子ちゃん（六）を抱きかかえてほおずりし、熱狂的な拍手がおくられた。それから午後三時三〇分、本社で開かれた三団体主催のお茶の会へ臨み、五時すぎ帝国ホテルに戻り、日赤主催の歓迎夕食会に出席、両赤十字社水いらずの歓談をおこなった。

（『日本赤十字社社史稿』第六巻、日本赤十字社、一九七二年、第三〇七頁）

日本赤十字社社会部長の高木武三郎はこの時の話を文章に残している。

◆貰ったおみやげ

訪日第二日に一行は日本赤十字社を訪ねて生存者一、〇六八名の「日本侵華戦争罪犯名冊」と死亡者四〇名の「同死亡者名冊」をくれた。更に懇談の結果

一、在華日本人の総数は約八千名でその中帰国を希望しない女約四千七百名男約千名現在帰国を希望する者は約二千名以内である。

一、中国に於て中国人と日本人の間に生まれた子は十六歳になれば本人の意志に依て国籍を選ばせ帰国を希望すれば帰国させる。

一、在華の日本人が留守家族に通信するように強力に勧奨する。

一、生死不明の日本人については日本赤十字社より個々に安否調査を依頼した場合は出来る限り調査究明に尽力する。

等の点を明かにし戦犯の大部分と一般人二千人は年内若しくは来春までに帰国させることを発表し留守家族の陳情は共に泣いて今後の日本人帰国に一層努力する旨を度々繰返した。

◆あげたおみやげ

こちらからは何を差上げたか、全国から集まったおみやげは一万点に及び、税関の査定でもその価格五百万円を下らなかった。児童の絵画や人形など純真なものから、図書、映画等文化的なもの、各地の特産物、さては貿易見本ともいうべき自転車、ミシン、機械などまで揃えられた。これは十一月出港の興安丸に積込まれて彼地へ渡ったのである、おみやげとし

ては確に大したものだが、ほんとうに彼等を喜ばしめたものは、「日本（日中）友好の基礎が日本国民の間に充分ある」ということだった。

心から歓迎した国民の姿は一行をほんとうに感激さした。ある歓迎会で主催者が、「今訪日代表団をここに御迎えしたが、どう見ても他国人という感じが出ぬ。凡らくあなた方も亦日本人を異国人のような気がせぬでしょう。こんな親近感を持つお互が疎遠になっていることこそ不自然です」といったが、こうした気分はいたるところで展開せられた。目に見える百万のおみやげものより、この無形のおみやげは彼等の最も欲したものであり最も満足を与えたものであろう。

（高木武三郎「李徳全女史一行訪日楽屋ばなし」『労災』一九五五年第一期）

2．日本の民衆が殺到

李徳全率いる中国紅十字総会代表団の初の来訪は、当時の日本社会に新中国の「新たな顔」を見せた。この「顔」は、かつて中国大陸に渡ったことのある日本人に親しみを感じさせると同時に、一般の国民にも中国の新しい一面に興味と関心を起こさせた。当時日本各界は李徳全と代表団に対する熱意に燃えており、左翼であろうと政治に興味のない大衆であろうと例外なかった。それは長い年月を経たのちでも眼前にあるかのようだ。

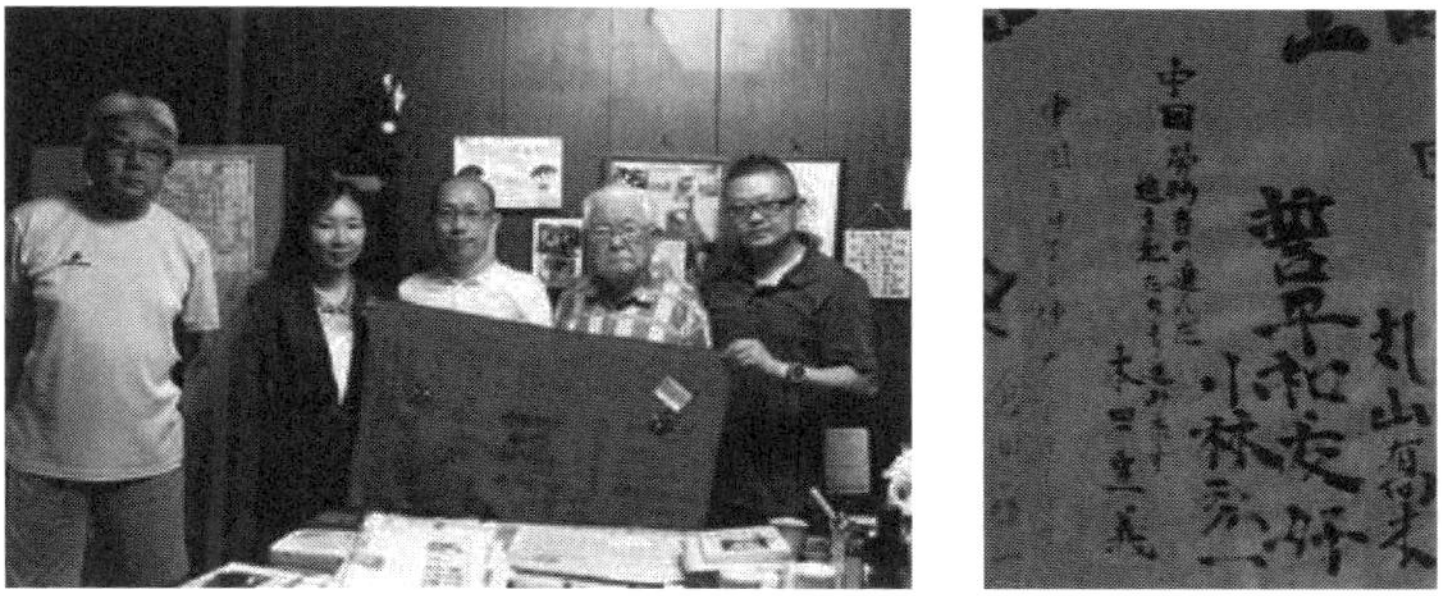

中国民間人が収蔵していた、日本からの贈答品の旗

二〇一五年の春節が過ぎたばかりの頃、中国武漢市の民間人が『長江日報』紙上で、以前日本の民衆から贈られた旗のことを披瀝した。旗は一〇七枚もあり、どの旗にも毛筆で「再武装反対」「戦争断固反対」「平和と友好を誓う」などの日本語が書かれている。旗には多くの署名があり、そのうち五枚には「李徳全女士に贈る」「李徳全女士歓迎」「李徳全女士来日記念に寄せて」などの文字が見られ、一九五四年から一九五五年の日付がある。

これら日本からの贈呈品の由来を知るために、『長江日報』の記者は、李徳全の孫である羅悠真にインタビューを行った。母方の祖母である李徳全が、以前旗の由来を話してくれたことがある、と羅は記者に語った。それらは当時、日本の女性団体や労働組合などが中国紅十字総会代表団に贈った品の一つで、「兵庫県尼崎市五長洲小学校」「尼崎市塚口中学」「全国国土建労働組合総連合」「東京土建一般労働組合」などの印があり、恐らく当時代表団が日本各地を訪れた際、日本の民衆による歓迎集会でのお土産だと推察される。お土産は多様多様で、旗以外に映画、書籍、油絵などもあった。今回見つかった旗の一つには、「全国印刷出版産業労働組合総連合会より北京人民印刷工場労働者諸君へ」と印刷されており、一九五五年四月二〇日の日付で二〇〇名近くの署名があった。二〇一五年八月七日、千葉県船橋市南本町在住の杉浦正男さん（一〇二歳）は『長江日報』記者のインタビューを受け、こう語っている。「一九五四年一〇月末に中国紅十字総会会長の李徳全さんが訪日された時、私も同行しました。私たちは李徳全さんが日中国交回復実現のための使者となるよう切に希望していましたから、その訪日を非常に重視していました。元々代表団は北海道へ行く予定で、私は先遣部隊として現地で受け入れ業務を担当していました。しかし予想外の事が幾つか起こり、訪日スケジュールは変更され、代表団は帰国を早めることとなり、（北海道へは）行けなかったのです」。その旗はその後彼の職場が中国総工会に贈ったものだった。

当時日本で李徳全一行の訪日に最も熱意を持って、大規模の動員を行ったのが、違法な地下組織の状態から抜け出したばかりの日本共産党関連の人々であった。戦後合法的地位を得た日本共産党の、全国における政治的影響は空前の広がりをみせており、国政選挙でも多くの議席を獲得していた。一九五〇年六月二五日朝鮮戦争が勃発し、米占領軍は日本共産党を「第五縦隊」と見なして、日本共産党中央の政治活動を禁止し、党幹部の公職を剥奪し、予防拘禁することさえあった。一九五一年一〇月以後、日本共産党内では武装闘争路線をとるものが優勢で、吉田内閣は一九五二年に「破壊活動防止法」を制定してこれに対処し、最終的に日本共産党はすべての国会

日比谷での歓迎大会

議席を失った。このような過酷な政治的状況の中で、当時の日本共産党とその支持基盤は新中国政府を「兄弟党」政権と見なし、美しい夢と政治的希望を新中国からの人々に託したのである。李徳全率いる中国紅十字総会代表団の訪日が実現した時、彼らの興奮ぶりと熱狂的な歓迎ぶりは推して知るべしである。ある社会運動家が二〇年を経てこのように回顧している。

> 一九五四年十一月中国紅十字社の代表李徳全が戦後はじめて人民中国代表として日本に入ったときを思いだす。一行は、今では老朽ビルとなった東京駅八重洲口横の国際観光ホテルに泊った。ホテルの出入り口とエンドを固めたのは共産党の防衛隊だった。当時衰弱の極にあった日本共産党は、数千人の党員を根こそぎ動員し、一行が通る道路はすべて数十メートルおきに、防衛隊で固められた。地下生活からくる栄養失

調で眼ばかり光っている共産党の常任活動家たちは徹夜で警備にあたった。私は防衛隊には編入されなかったが、観光ホテルの前に歓迎にでかけた群衆の一人だった。説明できぬ喜びと熱い思いが胸のうちにあった。群衆は左翼ばかりでなく、野次馬をふくめて何千人とむれ集まり、品のあるひとりの中年女性にすぎぬ李徳全女史がただスタスタと歩く姿を見て熱狂し、手をふった。少女歌劇のファンたちのようにみえた。ただしちがいもあった。人びとを結びつけていたのは、何か歴史意識のようなものであった。それは戦争と敗戦と飢餓と占領と――ある者にとっては重苦しい闘争の経験と――の複合した圧力が、新中国との出合いを突破口にして、閉ざされた政治空間をつき破ってほとばしろうとする圧縮された瞬間の意識であった。壁をへだてた向こう側にあった巨大な存在――この壁は占領体制であり、朝鮮戦争であり、冷戦であった――との最初の視覚的接触は、文字で読むとはまったくちがう解放的な力をそなえていた。それは第一次大戦の最前線におけるロシア軍兵士とドイツ軍兵士の交歓が解きはなったにちがいない力と共通するところがあった。

（武藤一羊「幕が変わって」『思想の科学』一九七八年第一二期）

日本共産党機関紙『アカハタ』の李徳全訪日に関する報道や評論を振り返ってみると、他の新聞・雑誌の報道との違いを見ることが出来る。一般のメディアと比べて『アカハタ』は李徳全と新中国に対し、溢れんばかりの強烈な政治的熱意を持っていた。

一九五四年八月五日付け『アカハタ』は「初めて迎える中国人民代表」と題し、李徳全訪日計画の進展を報道した。文中では、李徳全の訪日が実現の運びとなったのは、「がんとして一行の入国許可を拒否しつづけてきた政府がインドシナ休戦以後の国際情勢の変化と、いよいよ高まる国人各階層の日中国交回復の運動のなかで妨害をつづけられなくなったためである」とし、李徳全会長一行の国民的な歓迎運動を推進している。「国民的な歓迎運動」という言い方は、その前日、衆議院第二会館で開催した中国紅十字会招聘運動協議会・第七回懇談会の際に出たもので、日本共産党が李徳全訪日を呼びかける指導的思想と図らずも一致している。その懇談会では以下の申し合わせがなされた。

一、日赤主催の歓迎大会について協議をうけた場合は宣伝、動員その他あらゆる面で全面的に日赤に協賛する。
二、各団体機関紙で歓迎運動をとりあげ、協議会ではリーフレットをだす。
三、各団体の支部、分会で歓迎決議をやり感謝文をおくる運動をおこす。
四、児童の図画、作文の交換運動をおこす。児童にも感謝と歓迎の意義を知らせる。
五、日中友好協会、中国帰国者映画人集団と映画会社と話し合って記録映画の作成、贈呈をおこなう。

日本共産党中央機関紙『アカハタ』は以上の決議を実行し、李徳全の訪日に関する各種情報を報道し、また一九五四年九月一〇日の「主張」欄で「中国紅十字会代表を迎えるにあたって」、一一月一日の同欄で「李徳全さんをはじめ中国紅十字会代表を迎えて」と題した社説を発表した。文中では李徳全の訪日意義について詳細に論じ、これは当時の日本の新聞、雑誌の中で唯一無二であった。彼らの李徳全一行に対する歓迎形式は他とは異なっていた。日本共産党は中国紅十字総会代表団への贈りものとして女流画家・赤松俊子（一九一二—二〇〇〇）に絵画を依頼し、一九五四年一一月二日付け『アカハタ』で彼女から李徳全あての手紙を掲載した。赤松は中国紅十字総会代表団訪日の意義を「平和のかけ橋、大空に輝く虹の橋のように」とたとえた。そして同じ婦人として誇らしい心情を綴っている。「日本共産党中央指導部からお贈りものとして、絵を描くようにと申されました。何という光栄でございましょう。真心をこめ一生けんめいに描かせていただきました。未熟な作品ではございますが、どうぞ、このまごころをお受けとり下さいませ。」これが契機となり、赤松は画家である夫・丸木位里（一九〇一—一九九五）とともに、中国美術界と頻繁に交流するようになり、一九五九年には中国で二人の画集が出版された。

李徳全一行の訪日中の温和で慈愛に満ちた様子は、臆することなく日本の宗教関係の人々と親しく接し、寺院を見学する行為にも表れていた。これは、日本で死去した中国人の遺骨を中国に送還するために日本の仏教界が奔走したことに対する感謝の表明であり、同時に中国共産党政権の宗教政策の寛容さを示すものでもあった。特に日本の仏教の源は中国にあることから、こののち両国の仏教界の交流も非常に頻繁に行われた。予想外のこととしては、日本のメディアによる李徳全の紹介と評論があげられる。当時ほとんどすべての紹介記事の中で、若い頃の彼女が敬虔なキリスト教徒であったことが取り上げられていたため、日本のキリスト教界は中国のキリスト教の歴史や現状に興味をもち、それに関連する報道や紹介は日ごとに増えていった。李徳全訪日直前の一九五四年一〇月二三日付け『キリスト教新聞』の報道によれば、日本キリスト教団平和委員会の浅野順一、井上良雄らは李徳全との会談の準備をしていた。この計画はその後実現しなかったようであるが、中国紅十字総会代表団の帰国後、この新聞紙上には中国での生活を経験した米国長老会派の女性宣教師が外国メディアに寄稿した、中国国内のキリスト教徒の信仰と生活に関する文章が掲載された。文中には、新中国政府が宣教師をスパイとして扱ったり、キリスト教徒に圧力をかけたりする場合もあるが、主婦や老人には比較的圧迫がゆるやかだとの紹介がある。

日曜日の朝、方方で公けの礼拝の時刻に、各自治団体の共同作業が実施される。例えばめいめい古ズボンをはいて、学校の古校舎修繕とか社会施設で洗濯奉仕することも天津や済南地区では始終あった。教会の平常の集会には、老人や子供や主婦が多く、大方の教会員はイースターやクリスマスに教会に集まるのがせい一杯のようだ。
（ペギー・エルドリッジ「カーテンの中の教会　中共の日曜日」『キリスト教新聞』一九五四年一一月二〇日）

それ以降、日本のキリスト教関係者は、中国のキリスト教の状況にいっそう関心を払うようになった。

3. 日本政府や皇室との接触

李徳全訪日前の一九五四年一〇月一二日、ソ連の指導者フルシチョフ（一八九四―一九七一）が初めて訪中し、中ソ両国政府は「中ソ対日共同宣言」を発表した。その中に次のような一文がある「中華人民共和国政府とソ連邦政府の日本に対する政策は、社会制度を異にする国家も平和に共存できるという原則にもとづいており、また両国はこれが各国人民の切実な利益に合致するものであることを信じている。両国政府は、互恵の条件によつて日本と広範な貿易関係を発展させ、並びに日本と密接な文化上の連繫を樹立することを主張するものである。同時に両国政府は、それぞれステップを踏んで日本との関係を正常化させたいと願つていることを表明する」。中ソ両国のこのような態度は、第二次世界大戦後の社会主義陣営が西洋世界に対し、敵対する状況から相互接触を試みる状況に移行しつつあることを明らかにしている。

李徳全訪日実現がほぼ可能となった八月三一日、日本の前外務大臣であり留守家族団体全国協議会会長であった有田八郎（一八八四―一九六五）が外務大臣あてに要望書を提出し、「外務大臣又は次官、局長等の幹部が、李徳全会長と会見、引揚問題解決のため要望をいたされたい」「外務省アジア局小川二課長、厚生省復員局吉田未帰還調査部長が国連捕虜特別委員会へ出席　資料説明の帰途後ドイツ、イタリアを訪問して両国における引揚の状況調査をなすと共に今後の引揚運動推進につき充分に連絡協議を遂げるよう両国へ派遣願いたい」と求めた。しかしアメリカ及び「日

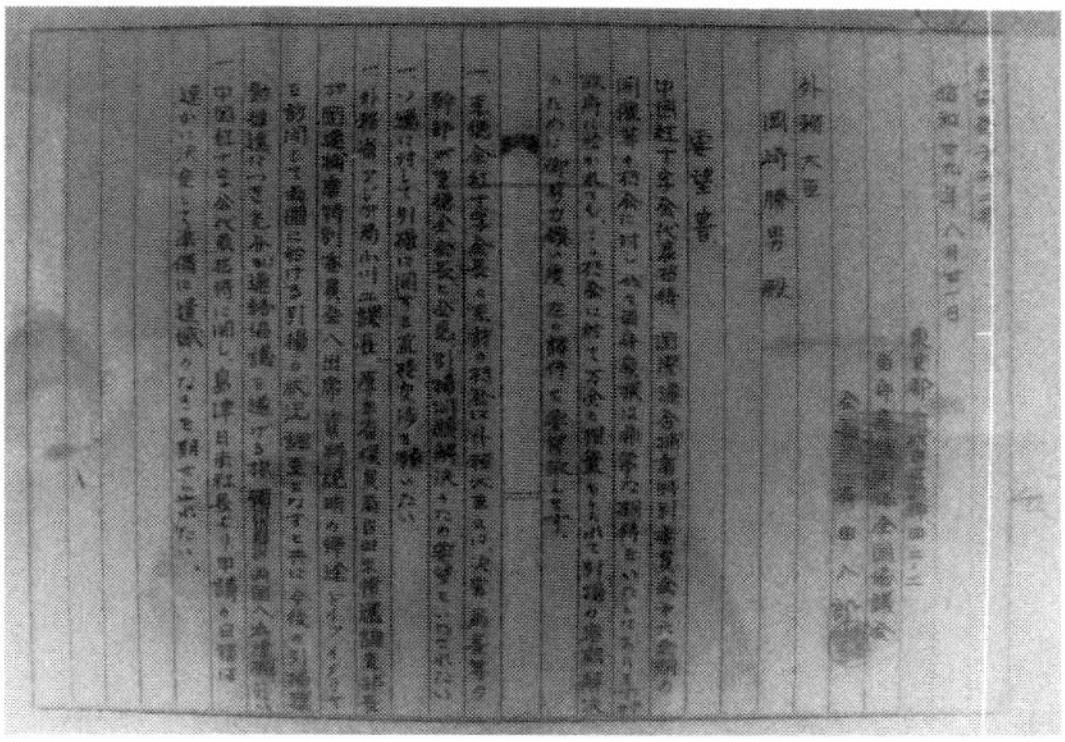
外務大臣
岡崎勝男殿
要望書

外務大臣あてに出された要望書

華友好条約」の制約が妨げとなり、当時の吉田内閣は軽率に新中国政府との交流を始めるわけにはいかなかった。中国国内日本人居留民の帰国が叶い、日本人戦犯に対して人道的に対応したことは、新中国政府が日本に対する度量を示すものだと認め、善意には善意で報いるべきであったが、日本政府は依然として煮え切らない態度であった。吉田は李徳全の訪日期間中にアメリカ訪問を計画し、故意に面談を避けたという印象を与えた。しかし、日本政府は一方で、中国紅十字総会代表団の訪日を機に、新中国と交流を始める機会を失いたくはなかった。李徳全が東京に着いた日、外務大臣・岡崎勝男は記者の質問にこう答えた。

李女史に対し政府がノータッチということはない。ただ向う側が日本政府を相手にしないというからで、日赤を通じ会見の申入れがあれば会見することをちゅうちょしてはいない。ただ他の国との間に微妙な問題がある。政府としては中共を承認しないという気持には変りはなく、中共側が発言したような東京における貿易協定の交渉は日本政府を相手とする以上国交回復まで出来ない。しかし、漁船、引揚者問題はじめ商売上のことは別にかんがえるべきだ。

（「李氏と会ってもよい　岡崎外相、記者会見で語る」『毎日新聞』一九五四年一〇月三〇日）

一九五四年一一月一〇日午前、李徳全一行は関西での日程を終えて東京に戻り、日本赤十字社の手配により、衛生・社会保障事業を管轄する厚生大臣草葉隆圓（一八九五―一九六六）と会見した。草葉は会見時に「日中両国は多方面で往来すべきであり、中国側も日本政府と多方面で交流するよう希望する」と語り、会見後、記者にこう述べている。

いろいろお礼も述べ頼みたいことも頼んだが、李女史は非常に誠意をもった答をしてくれた。私はその感じから引揚げについては相当良い結果が得られるとの期待を大きくしている。

（「李徳全女史けさ帰京　厚相と会見　邦人の通信許可など希望」『朝日新聞』一九五四年一一月一〇日）

代表団は衆議院議長・堤康次郎（一八八九―一九六四）主催の招宴に参加。宴会の席上、参議院議長・河井弥八（一八七七―一九六〇）及び国務大臣安藤正純（一八七六―一九五五）と会見した。宴会の席順には大いに苦心したらしい。例えば、ホスト役の堤康次郎と中国人客は決して同じテーブルにつかぬよう、かなりの距離を設けた。彼は客がそれを誤解しないように「皆さんご理解くださるよう」と言って、このような態度は外に見せているのだと言わんばかりの様子で、実のところ李徳全らには本音を話していた。会見中、安藤正純の話は意味深長であった。彼は「今日政府からの参加者は多くありません。私は政府を代表して来たのではないが、国務大臣です。私は日中両国の友好関係があってはじめてアジアの平和を保証することができると考えています」と言った。(呉学文、王俊彦:《廖承志と日本》、中国共産党史出版社二〇〇七年版、第一七一頁)

外務省の中国関係官僚も中国代表団と接触した。日本赤十字社など三団体が李徳全をはじめとする中国紅十字総会代表団の訪日招聘要求を提出した日から、外務省アジア局中国課は内閣に報告し、各方面の意見調整を行い、また日本赤十字社に内閣の決定事項を逐次伝えていた。各政党、各団体が中国紅十字総会代表団訪日時に李徳全らとの会見を希望する場合も、事前に中国課の承認を得るようにしていた。このため中国課は李徳全の訪日の全日程を監督し、調整する組織であった。中国課がこの役を担当することができたのは、主に当時の中国課長・小川平四郎(一九一六—一九九七)がきっての「中国通」だったことにある。小川は北京輔仁大学を卒業し、中国で長期にわたり留学や生活をした経験をもち、のちに日中国交正常化後、初の駐中国大使となった。中国紅十字総会代表団の訪日時、彼は李徳全、廖承志らとの接触において、日本のお歴々とは違い、日本の伝統的礼儀や常套句を極力省き、会話では誠意を示した。当時小川は、中国に接近はしたいが距離も置かなくてはならない日本政府の「微妙な」態度を、外務省を代表してメディアに見せていた。中国紅十字総会代表団の訪日は民間の招聘に属するが、李徳全一行と日本の官僚との交流は、日中政府間の接触が「氷を砕いた」という意味合いを持っており、日本各界からの日中外交関係正常化への期待に応えることとなった。中国政府は「民を以て官を促す」という外交路線に沿って、日中国交正常化への第一歩を踏み出したのである。

李徳全と草葉厚生大臣の会見

李徳全の訪日期間は、ちょうど日本の政界で政党の分裂と再編が繰り返されており、日本の多くの政治家は中国代表団との接触を希望していた。そうすることで自身の政治力を高めることができ、さらには与党となった時に中国と友好的外交関係を発展させられると考えたのである。実際、政治家の中には、新中国の成立後、すでに中国の招きに応じ訪中した経験を持つものがあり、中国の各界との人脈をもち、この訪日の間に旧友との再会を果たした者もいた。当時改進党のトップであった松村謙三（一八八三―一九七一）と三木武夫（一九〇七―一九八八）は代表的な存在だった。改進党は、自由党を離れた鳩山一郎（一八八三―一九五九）とともに、新たに日本民主党を創立した。松村は政治的見識が高く、中国との関係はますます緊密になった。当時、左派と右派の二つに分裂した日本社会党は、ともに日米安全保障体制に反対して「非武装中立」を主張し、長期にわたって日中友好運動を推進する立場をとっており、新中国政府からそれぞれ平等な対応を受けていた。両派社会党とその主な構成基盤である労働組合総評議会の指導部は、訪日期間中、中国紅十字総会代表団と会見した。

李徳全はまた日本の上層階級とも接触している。皇室の一員である三笠宮崇仁親王（一九一五―二〇一六）と高松宮妃（一九一一―二〇〇四）との会見である。三笠宮は昭和天皇の末弟で、皇室内で反戦思想をもつ代表的な人物であった。一九四三年には中国の戦場へ渡って内モンゴルから宜昌までの広大な地域を調査し、戦争の残酷さと悲惨さを自ら理解し体験したのである。一九四四年一月五日、三笠宮は支那派遣軍総司令部の幹部に講話を行った。それは「支那事変に対する日本人としての内省」と題し、「現在日本人、特に軍人に欠如しているものは『内省』と『謙譲』」と述べ、軍部に猛省を迫ったとされる。一方、中国共産党の軍隊については「中共の男女関係はきわめて厳重で強姦等は絶無に等しい。対民衆軍規もきわめて厳正であって日本軍の比ではない」と指摘し、「斯くの如き日本軍では到底中共に対抗する事は出来ないと思う」と述べている。そして三笠宮と同じく反戦思想を持つ次兄の秩父宮雍仁親王（一九〇二―一九五三）、三兄の高松宮宣仁親王（一九〇五―一九八七）とともに、長兄である昭和天皇に意見具申し、戦争の回避又は先延ばしを希望する旨を伝えている。敗戦後、高松宮夫妻と三笠宮夫妻は共に日本赤十字社名誉副総裁となり、海外在留日本人や捕虜の帰国などの慈善事業を熱心に行った。彼らは、李徳全と中国紅十字総会代表団との会見は筋の通ったことであるとして、日本政府に対して意見を述べたが、会見は断られた。その後紆余曲折を経て、三笠宮とその義妹にあたる高松宮妃は一一月三日、旧高松宮邸「光輪閣」でのお茶会の形式で、中国紅十字総会代表団と面会したのである。その際、三笠宮と高松宮妃は日本軍が中国で起こした戦争について後悔とお詫びの念を伝え、日中両国の友好促進に尽力するよう希望した。皇室の日本社会における特別な伝統的地位に鑑みると、皇室と李徳全との会見は、この訪日の格の高さを表すもので、新中国政府に対する肯定的な姿勢の象徴とみなされた。

前列左から：三笠宮、李徳全、高松宮妃、王効賢

四．李徳全訪日後の影響

1．日本人戦犯の引揚げ

一九五四年一一月三日、中国紅十字総会訪日代表団と日本赤十字社、日中友好協会、日本平和連絡会の三団体の代表は、東京にある日本赤十字社にて、在中国日本人居留民の帰国事業に関する打合せ会談を行い、「邦人帰国問題等に関する日中懇談覚書」に署名した。その要点は以下の通りである。

第一、日本華僑の帰国事業終了後、中国政府は継続して中国在留日本人の状況を調査する。目下、中国には未だ約八千人の日本人がいるが、帰国を希望する日本人に対して中国側は必ず彼らの帰国を援助する。また、既に中国側が日本に送付したリストに見られる若干名の戦争犯罪者については、中国政府によって釈放可能性及び服役状況を調査した上で改めて日本側と彼らの帰国について協議する。

第二、中日両国は中国残留日本人及び戦争犯罪者が日本国内の家族と通信連絡することを支援する。相互の連絡先が不明である場合、中日双方は彼らの為の連絡先の調査及び通信手段の提供に尽力する。

第三、モンゴル、北朝鮮、ベトナムなどの国の在留日本人帰国問題に関してこれらの国家から中国への委託が行われた場合、中国紅十字会は彼らの中国経由での日本帰国に協力する。

第四、日本華僑のうち中国への帰国を希望する者については中日両国は彼らの帰国を早期に実現するよう協力、推進することを承諾する。

第五、中日両国は共に、双方の国土における戦争死者の遺族による遺骨の収集、確認及び運送について援助を行い、便宜を図ることを承諾する。

日中両国の赤十字が主催した上記の会談結果は、実質として中国残留日本人と在日華僑の帰国協力が継続され、今後、より具体的に正確さを増すであろうことを意味している。その後の日本人や中国人の個別の帰国事例は両国だけでなく世界の関心を呼び、それ以前の邦人大量帰国にもまさる騒動となった。

一つの例として中島幼八の出来事を挙げたい。中国紅十字総会代表団が初訪日し、東京目白の椿山荘で行われた歓迎会に参加した際、中島幼八という中国残留孤児の母親が一枚のメモを代表団員のひとり倪斐君に手渡した。そのメモには「中国松江省寧安県沙蘭鎮で息子を陳家に預けました。調査して頂けませんか」と書かれていた。倪氏は中島幼八の生母の求めに即座に応じ、彼女に名刺を渡して連絡を取れるようにした。一年後、中島幼八の生母は中国紅十字総会より、既に一四歳になった息子を彼女の為に探し出したという知らせを受け取った。ただしその内容は、彼は目下日本への帰国を希望しておらず、息子とその養父母に直接手紙を送るよう希望する、もしも彼女の息子が帰国を望んだ場合、中国紅十字総会は必ず協力する、というものであった。中島幼八は晩年、中国紅十字総会のこのような真摯な態度はいまも心に深く刻まれている、と語った。彼はかつて、「このような些末な出来事は、国と国との関係の上では、海の中の一滴の水のようなものだろうに、それを丁重に解決に導いてくれたことに対して、私は言い表せないほどの感激の情を抱いている」と書き残している（中島幼八『何有此生』生活・読書・新知三連書店二〇一五年版、第一八七頁）。彼の生母はその後、中国にいる息子と養父母と連絡を取り、手紙や荷物のやり取りを繰り返し、その中で中嶋幼八の生母と祖国日本に対する印象は次第に好転していった。四

中島幼八『何有此生』

年後、中学生だった中島幼八は、親戚同士のように親しくしている恩師・梁志傑の助言に従って、「中日友好に貢献する」という師の熱い期待に応えるべく、生涯最大の選択を行い、帰国の道を選んだ。中島幼八の日本帰国決定後、日中両国の友人は様々な形で協力をし、中国の各政府機関は彼の帰国にかかる手続きを進め、彼が生活する黒龍江省寧安県公安局は警察官を派遣して彼をハルビンまで送り届け、彼は一歳の時に両親と共に中国に渡ったのと同じ船「白山丸」で日本に帰国した。中島幼八は帰国後、長期にわたって中日民間友好交流事業に従事し、鄧穎超、廖承志、唐家璇ら中国政府幹部の訪日時の通訳も担当した。

新中国政府が真摯に残留日本人帰国事業に協力し成功したことと呼応して、在日華僑の帰国熱も高まった。新中国が発展し国際舞台で影響力を増してゆく様子を見て、当時四万余りいた在日華僑の関心と熱い思いは、台湾の国民党政権から新中国政府へと移っていった。華僑たちが中国紅十字総会代表団訪日の報を受けた時、特に李徳全一行を直接目にした時の彼らの興奮は次のような言葉に現れている。当時の在日華僑の代表的人物・甘文芳（一九〇一—一九八六）は東京の華僑による歓迎大会の席上で、「今日の大会は全ての愛国華僑の熱意によって実現しました。現在の祖国は私たちが長年思い描いてきた祖国であり、その強大な祖国と団結することによって我々の前途は明るいのです」と述べた。李徳全一行が華僑が集中する関西地方を訪問した際には、現地の華僑は更に奔走して呼びかけ合い、彼らの、親戚に会うかのような様子は新中国への熱烈な憧れを十分に反映していた。その後ほどなくして、日本の華僑に空前の帰国ブームが沸き上がったのである。

新中国は誕生以来、あらゆる面での復興が必要であり、各種人材を必要としていた。当時、関連部門は在日中国留学生総会等の日本の愛国華僑団体に手紙を送り、「専門教育を修了した学生は可能な限り早く帰国して国家建設に参加するよう」呼びかけ、また留学生帰国手続きの手順を紹介した。一九五〇年六月より、後に大陸で活躍した林麗韞（一九三三―）らを筆頭に、華僑青年は帰省・旅行などの名目で個別に、或いはひそかに香港などのルートを経て大陸に戻った。特に一九五三年に第一次五カ年計画が始まったことと関係して、当時不況の日本経済にあって多くの中国留学生が卒業に際し就職問題の解決を求めている中で、新中国の発展は彼らの才能を発揮する絶好の機会となった。そのうち、多くの台湾留学生も国民党政権による台湾統治に不満を持ち、大陸での仕事を求めて大陸に渡っていった。東京華僑総会はこれらの状況を鑑み、在日華僑と留学生が日本の船に乗って中国に戻れるよう、外務省と三団体に申請した。新中国政府はこれを知り、正式に日本に要請を行い、外務省から同意を取り付けた。その後、日本政府は国連と韓国に対してこれらの船の「安全保障」を求めた際、付帯条件を増やされ、また、国民党当局による強い反発を受けたにもかかわらず、新中国との相互承諾事項を概ね履行し、一九五三年七月、第一陣五五一名の在日華僑はかつて残留日本人を乗せた興安丸に乗って、日本から塘沽港へと渡り、その年には計三回、計二、六五〇名の華僑と留学生が新中国へ帰国した。一九五〇年代末までに、約四千名の在日中国人が帰国して中国の国家建設に参加した。これは当時の日本国内在住中国人の一パーセントに相当する。これらの人々は帰国後、北京、天津、上海、浙江、河南などに派遣され、留学生の多くは専門の研究所や大学等の職場で業務につき、祖国の建設と日中友好事業に貢

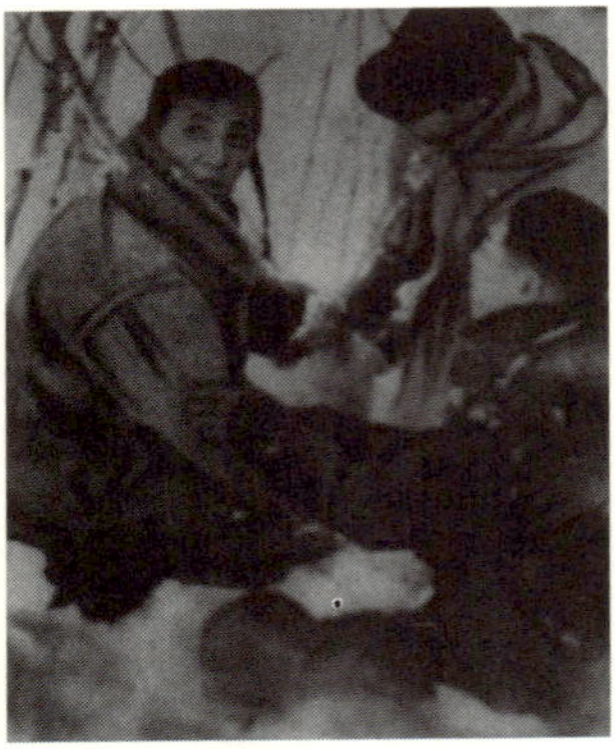
劉連仁が発見された時の様子

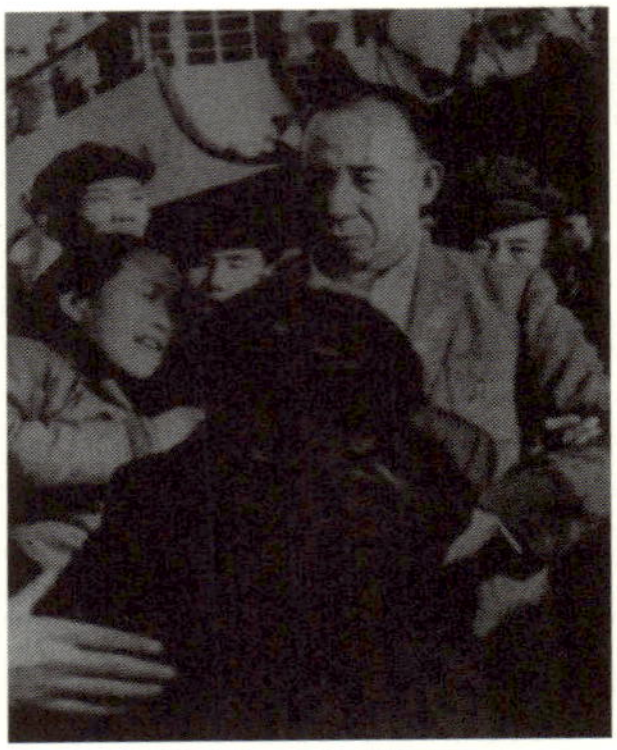
劉連仁の中国帰国

献し、素晴らしい業績を残す者も出た。

李徳全の訪日後、日中両国及び世界を驚かせる中国人帰国事件が発生した。戦時中に日本軍に捕虜として捕まり、北海道の炭鉱での肉体労働から逃れ、山中で十三年間隠れ住んだ中国人劉連仁（一九一三—二〇〇〇）の帰国である。

劉連仁は一九四四年夏、故郷の山東省高密県で捕らえられ、日本に送られたが、非人道的な苦役に耐え切れず、彼は終戦直前に四人の仲間と共に鉱山から逃げ出した。その後仲間は前後して捕まったが、彼は独り一三年間「未開人」のような生活を続け、一九五八年二月に発見された。

このニュースはすぐさま日中両国に伝えられた。北海道華僑総会はただちにこの件に介入し、中国華僑総会・日中友好協会などの団体と多くの日本人が声を上げ、劉連仁を保護し、彼の衣食住と交通、病気や傷の治療及び身元保証に協力した。これら友好団体と人々はさらに日本政府当局と交渉し、この件に外交的対応を適用するよう促した。中国紅十字総会は電報を通じて日本赤十字社・日中友好協会などの団体に謝意を示し、劉連仁に見舞状と見舞金を送った。友好団体と人々の協力のもと、日本政府はほどなく曖昧な態度を変え、一九五八年四月、時の内閣官房長官は劉連仁に見舞状を送って彼の不幸に同情を示し、日本政府が彼の帰国の段取りをつけることを告げた。手紙には、「あなたの家族はあなたの早急な帰国を待っており、近日中に白山丸を手配して中国に戻れるようにします。あなたが帰国後しっかりと療養し、健康に長寿を保つことを望みます」と書かれていた。一九五八年四月一〇日、劉連仁の東京からの帰国前、日本の官僚は劉連仁に「一通の手紙と金」を渡したが、劉連仁は手紙を受取ったものの金については受け取りを拒否した。彼は「私は日本政府に対して賠償を含む一切の訴訟の権利を保留する」と述べた。一九五八年四月一五日、劉連仁はかつて日中両国の多くの居留民を乗せた白山丸に乗船し、一四年間片時も忘れたことのない祖国に到着し、天津の塘沽埠頭で中国政府及び民衆の熱烈な歓迎を受けた。それらの人々の中には中国紅十字総会や天津市政府の責任者、千名にものぼる各界の代表者に加え、日夜思い続けた妻と弟、そして顔を見たこともなかった子供の姿があった。劉連仁は涙と共に日本に連行され、笑顔で祖国に戻った。故郷の山東省高密県に戻った後、彼の身体は回復し、晩年は再び農業生産に参加するようになり、村と鎮の二つの単位で幹部を務めた。

劉連仁の苦難の経歴は、日中両国及び世界の平和を愛する人々の間に大きな反響を呼んだ。彼は逝去するまでの間、自身の経験を振り返り、日本の戦時中の行為を非難する講演を一、八〇〇回以上にわたって行った。その後、彼は日本の友好団体や個人による要請を受けて六回日本を訪れ、自身、そして捕虜となった多くの中国人労働者のために正しい裁きを求めた。劉連仁は日中両国の友人の援助のもと、一九九六年三月、日本政府に対して訴訟を起こし、三度にわたって日本の法廷で訴訟理由に関する陳述を行った。長期にわたる多方面の努力の結果、二〇〇一年七月一三日、日本の法廷はこの訴訟に対して原告側の全面勝訴の判決を下し、原告劉連仁に対して二千万円を支払うよう被告である日本政府に命じた。

一九六〇年五月六日、自民党議員平野三郎（一九一二―一九九四）は衆議院において、時の内閣総理大臣岸信介（一八九六―一九八七）に「中国人捕虜殉難問題に関して」という意見書を提出し、中国人労働者の遺骨問題を処理する方法について政府に回答を求めた。岸首相は当時、強制連行労働者と戦争捕虜を同一視する事の可否に対して曖昧な立場を示しながらも、以下の回答を行った「政府として戦争末期に起きたこの問題は遺憾である。死亡者とその遺骨の調査ならびに既に見つかった遺骨の慰霊、返還問題に関し、純粋に人道的立場に基づき考慮し、真心を込めて対応する」。これ以後、日本政府はこれに類する戦後問題の解決に対して多くの便宜を図ることとなった。

2．さまざまな形の交流

中国紅十字総会代表団の訪日と前後して、日本のマスメディアはただ人道や慈善の角度から日中両国のこの実務的交流活動を評価したばかりでなく、このような活動が両国間の経済関係にきわめて大きな推進力を発揮したことにも注目するようになった。李徳全らは訪日期間中、既に日本経済の苦境に気づいていた。朝鮮戦争とインドシナ問題が平和的解決をみた後、日本はいわゆる「特需」に頼ることができなくなり、これに代わって日本政府がアメリカに要求した経済援助の見通しも不明瞭であった。このような情勢は日本経済界を方向転換させ、対中貿易への熱意をかきたてることとなった。日本の官民は中国への輸出規模の拡大を実現することによって、当時日本経済のおかれた苦境からの脱却を目指したのである。

報道によれば、李徳全の訪日に先がけ、一〇月一日の中国建国記念日・国慶節に中国から招かれ北京を訪問した日本の各党議員は、一〇月二一日、対外貿易部を訪問し、雷任民副部長（一九〇九―二〇〇五）や中国国際貿易促進委員会の冀朝鼎秘書長（一九〇三―一九六三）らと面会した。雷副部長の談話には以下の三項目が含まれていた。

一、今年いっぱいで昨年の日中貿易協定の期限がキレるから今年中に改訂したい。
二、貿易協定改訂について日本側が中国貿易代表をよんでくれるならよろこんで応ずる。
三、また日本側が招いてくれるなら常駐の中国代表をおくる用意もある。

（「更に大きく道はひらく」『日本と中国』一九五四年一一月二一日）

この前日に開かれた日中貿易促進議員連盟常任理事会において、帰国した議員たちは自由党議員団団長山口喜久一郎（一八九七―一九八一）を交え、当年中に相互に貿易代表を定め、臨時国会において超党派による決議を採択させて翌春には両国それぞれの貿易代表の派遣を実現させよう、という意見を提出した。また、李徳全訪日中の歓迎会の席上において、議員らはさらに具体的に双方の貿易代表派遣に関する方法を議論した。それとほぼ同時に、日本国際貿易促進協会（国貿促）でも一〇月一三日の第一回常任委員会後の記者会見で、中国代表団の来日を歓迎する意向を明らかにした。一一月一三日の第三回常任委員会では、日中貿易促進議員連盟は各党議員と議論し、日中民間貿易協定の修正を決めた。一五日日本経済団体連合会はその他政財界団体や議員、国貿促等と懇談した。一方、労働組合関係団体も国貿促のバックアップを表明するなど、中国との貿易促進運動は全国的広がりをみせ、「中国貿易代表を日本によぼう」という声が高まった。

中国紅十字総会の訪日期間中にも、日本人居留民および戦犯引揚げ問題の交渉のほか、抑留漁船員三一八名と漁船二〇隻の大量帰国（一一月三日福岡入港）、報国丸遭難漁船員の遺骨引取りなど人道的問題の解決とともに、実務的な経済交渉の準備が進んだ。その一つが日中漁業交渉の体制整備である。これについては国内体制の確立、交渉主体の結成について意見が対立していたが、数次にわたる国内討議の結果、漁業・水産関係者を主とする七団体により「日中漁業協議会」が結成され、ようやく日中漁業交渉への糸口がつくられた。そして一九五五年一月一三日から、日中漁業協議会の七田末吉団長、村山佐太郎、山崎喜之助副団長をはじめとする代表団と、中国漁業協会の代表団は東シナ海における漁業間題について会談を開始し、四月一五日の日中民間漁業協定調印へとつながるのである。

一九五五年七月三〇日、かつて中国との間に「第一次日中民間貿易協定」を締結した帆足計などの議員が国会に提出した「対共産圏輸出制限緩和に関する決議」が可決された。この年には日本国際貿易促進協会会長の村田省蔵（一八七八―一九五七）が訪中し、周恩来首相と会談して信頼関係を築いた。村田省蔵は経験豊富な政治家で、以前日本政府を代表して台湾と交渉し、日本の財界では企業家の肩書きで台湾との貿易を行った。新中国成立後、彼は中国中央政権の交代をめぐり肯定的意見を表明していた。一説によれば、村田が表立って日中貿易を推進したのは吉田茂の指示によるものであり、吉田の意図は中国の対日方針を理解し、アメリカとのかけ引き材料を作ることにあったという。一九五四年末、吉田にかわって内閣総理大臣の地位に就いた鳩山一郎（一八八三―一九五九）によって新内閣が組閣された後、日本政府の中国大陸に対する態度は更に友好的なものとなった。鳩山は周恩来総理と面会を求め、日本共産党が暴動を組織しないか心配していると率直に伝えた。中国は日本に対して「革命は輸出できない」という周恩来の承諾を得た後、村田は安心して日中貿易推進に邁進したのである。

この時期、両国はそれまでに調印した二つの日中民間貿易協定が希望通り達成されていないことに不満を抱いていた。吉田から鳩山への首相交代は、これまでの日中貿易低迷の不足を補う新たな契機になるのではと期待された。一九五五年二月、鳩山一郎内閣は中国貿易代表団のはじめての訪日に同意した。三月二九日に日本に到着した新中国初の中国貿易代表団は三八名から成り、それは半年前に李徳全が率いた代表団の規模を大きく上回るもので、日本の官民へ一層大きな影響を与えた。一か月以上にわたる交渉を経て、五月四日、双方はついに第三次日中民間貿易協定に調印した。この後一九五六年に日本は上海と北京でそれぞれ日本商品博覧会を開催し、中国人はじめて戦後日本の新たな工業製品を目にしたのである。日中両国間の橋渡しを担う人々は次第に代替わりし、人、物両面でルートが確立され、時の流れとともに規模を拡大していった。

その時期、日中経済交流の発展は決して順風満帆とはいえなかったが、第三次日中民間貿易協定に続いて第四次協定を締結することができたのは、一九五七年末李徳全率いる訪日団の成功によるところが大きい。日本の三団体が再び李徳全の訪日を要請した主な目的は、戦争中に強制連行され日本国内で亡くなった中国人労働者の遺骨に関する適切な措置を定めることだった。訪日期間中、李徳全一行は強制連行され犠牲となった労働者数が最も多かった秋田県大館市花岡銅山に赴いて犠牲者を弔い、中国から帰国した元戦犯が日本帰国後に設立した「中国帰国者連絡会」の代表と面会した。また、これとほぼ同時期に中国農業代表団も訪日した。二つの代表団の活動の重点は、日本の経済界の人々と広く面識を得ることにあった。代表団は稲山嘉寛（一九〇四―一九八七）、岡崎嘉平太（一八九七―一九八九）など経済界の大物と会見し、第四次日中民間貿易協定調印のための基礎を作り、長崎で開催を予定している初の中国商品展示会をめぐり意見交換を行った。李徳全の第二回訪日が両国の経済関係を深めるために一定の役割を果たしたことについて、後に日本の学者は次のように回顧し評価した。

（昭和）三二年五月に第三次協定が失効して以来大口取引が減少し、同年六月から一〇月までの対中輸出は前年比二九・七％減、輸入三・五％減になっていた。そこへ第四次協定交渉の中断もあって日中貿易額の減少が顕著になった時期に李一行が来日した。歓迎準備はすでに進められていたとは言え、政治上の対立ムードが決定的になるなかで、経済関係の再興を期するグループにとっていかに日中間の友好ムードを演出するかは交渉再開への鍵を握っていた。ところが経済貿易関係団体との接触は、地方企業の視察もほとんどなく、中央でも前回より減っていた。そのため前回に見られたような中国側の貿易促進に関する発言も再来日では明らかに少なくなっていた。しかし帰国直前の二六日になってようやく議連池田は廖と会談し、第四次貿易協定の早期妥結希望を確認した。さらに代表部の人数制限は中国側として「絶対承服することは出来ない」が、「双方で信頼しあって交換」すること、「無制限に派遣する訳ではなく、実際上は少数の人数を派遣し将来増員することはない」ことを確認した。これは三三年三月の第四次協定調印の確認根拠へつながった。換言すると、第四次協定調印の突破口がこの再来日にあったといえる。

日中両政府がそれぞれの原則に固執するなかで、地方での慰霊行事は現地での日中戦後を画する行事として行われ、人と人の民間交流は日中関係改善の素地を築いた。しかしこれらは各地方レベルとしてであって、中央の、あるいは日本政府としての姿勢ではなかった。それはまた紅十字会の帰国間もなく発生した劉連仁事件の日本の対応と相まって、中国人強制連行問題の日中間のわだかまりを長く残すことにもつながるのである。

(飯森明子「中国紅十字会代表団の再来日と日中関係」『常盤国際紀要』第七号、二〇〇三年三月、二〇八—二〇九頁)

当時、日中関係の正常化はまだ遠い道のりであったが、李徳全の訪日がきっかけとなって両国の相互訪問が実現され、この後両国間の往来はますます広がり、多方面で交流の動きが見られた。一九五五年三月の中華総労働組合代表団の訪日、同年四月の中国国際貿易促進会貿易代表団の訪日、一〇月東京・大阪での中国商品展覧会開催、一二月郭沫若率いる中国文化学術代表の訪日、一九五六年五月梅蘭芳率いる京劇団の訪日など、中国側による来訪が盛んとなったが、日本の各種団体や個人の訪中も頻繁に行われ、貿易、スポーツ、文化等の分野における交流は盛況を見せた。

3．日本の李徳全「熱」

李徳全は日本の官民から「新中国の顔」として広く注目を集めた。それは特に彼女の二度にわたる訪日前後において顕著であり、李徳全訪日は当時の日本世論における最大の焦点の一つであった。日本メディアによる李徳全の紹介、描写、分析は、部分から全体、曖昧から具体的内容へと変化し、長期間にわたって注目を集めた。

新中国成立後の比較的初期においては日本の新聞・雑誌は李徳全に関してごく簡潔な報道しかしなかった。先に触れた一九五二年一二月一六日付け朝日新聞の特集欄は、「純粋なキリスト教徒」という観点から李徳全の児童福祉事業の業績を紹介しているが、「年齢不詳」とされていた。

一九五三年四月出版の雑誌『社会人』第四八期の目次には「李徳全女史」との表題があるが、内容は「録音ニュース」の断片のみであった。

李徳全女史　中共赤十字社の社長である。中共地区の日本人引揚問題で注目を浴びている。女史はクリスチャン将軍として知られた馮玉祥将軍の未亡人で河北省の貧しい農家に生まれ、北京の協和女子大学を卒業、中共政府の創立とともに政務院衛生部長に就任したが、のち中共赤十字社社長を兼務するに至った。

中国国内の日本人居留民帰国問題が日中両国の赤十字を通して協議され、一九五三年からその引揚げが行われるにつれ、中国紅十字総会会長・李徳全の名は日本のメディアに多く現われるようになった。女性記者神近市子（一八八八―一九八一）は、一九五四年に『灯を持てる女人　二十世紀世界婦人評伝』（室町書房）の中で、各国の著名な女性十数名を紹介している。そのうち二人が中国人で、宋慶齢と李徳全であった。李徳全の部分は「夫と共に　李徳全夫人」と題し、四節からなっている。作者は日本人居留民や戦犯の帰還が実現したことに始まり、中国紅十字総会会長としてまもなく日本を訪れる李徳全について書き出している。一部を紹介する。

ふしぎなことに、李徳全女史の生年月日は、どの人名録にも出てはいません。同時代に活躍し今日もいろいろ要職についている何香凝、鄧穎超（周恩来夫人）、蔡暢諸女史のものなどらくに分りますのに、李徳全女史のそれは、いろいろな人物誌、人名鑑などの類を探しても見当らないようです。これは、この人の中華人民共和国ができるまでの活動が、主として亡夫馮玉祥将軍の裏にかくれ、社会の表面に出ることがおそかったせいではないかと思われます。というのは、この人の活動は一九三七年からはじまる抗日戦争までは馮玉祥の仕事に随伴したもので、公私共に忙しい馮玉祥ときりはなれて表面に出ることはなかったのかも知れません。馮玉祥は一九四九年六月の中国における人民政治協商会議準備会に出席のため帰国の途中、黒海で乗っていた船が火災を起こして死んでしまいました。これから李徳全女史の活動は、夫の背景なしにはじまったといってもよいでしょう。

李徳全女史は、会った人の話では五十才台の人のようだといいます。生れたのは河北省の通県となっていますが、包県だという文書もあり判然としません。家族についても、牧師であったとも貧乏な自作農であったとも書いてあります。が、三代前からのキリスト教徒であったということ、後年学んだ北京の貝満女子中学というのが裕福な家庭の子供たちが入学する学校であったことから、牧師の子女であったというのが事実ではないかと思われます。

いずれにせよ、十六才の時に家をはなれて前記の貝満女子中学にまなび、次には燕京大学の前身であった協和女子大学に入学しました。

燕京大学はアメリカが中国の教育事業を援助するために建てた学校で、いろいろ消長はありましたが、人民共和国になるまでは戦前、戦時中を通じて教師にも学生にも進歩思想の人が多いので名高い大学でした。が、この種の学校によくあるように、前時代の外人教師、特に女教師などには、アジヤの民族にたいする優越感というものがあって、自分たちの仕事に恩恵的な意味をふくませたがったものです。その人種的な差別待遇が若い李徳全女史を憤慨させたものといえ、このごろから女史を民族的自覚に導いたと思われています。

大学をでると母校貝満女子中学に教鞭をとり、かたわら北京キリスト教女子青年会の学生部の指導にあたりました。

廿九才のときに、馮玉祥将軍と結婚しました。そしてこの結婚が李徳全女史にも夫の馮玉祥将軍にも、一つの転機となったように思われます。


ここで注目すべきは、この叙述が李徳全婚姻後の馮玉祥将軍と共に経験した長い波乱に富んだ政治的、そして個人的生涯について述べており、その評価もまた概ね客観的かつ公正だといえることである。これは作者の神近市子の当時の左派的思想とも関係しており、李徳全の人生哲学への同感と敬慕の念に溢れている。

李徳全が訪日した一九五四年十一月、雑誌『新女性』第四十六期に、日中友好協会の加島敏雄、柳田謙十郎（一八九三―一九八三）、鹿地亘（一九〇三―一九八二）の対談を整理した「ようこそ李徳全女史」が掲載された。この対談の参加者たちは李徳全についてよく理解しており、対談の内容も具体的である。このようなくだりがある。


軍閥の有力な将軍、馮玉祥の未亡人として知られている李徳全女史は、おなじように人道主義にテッした人でした。女史は学生時代からキリスト教にふれ、熱心な社会救済家でした。抗戦時代に、汗と土にまみれて戦場をはせまわり、赤十字の仕事に身をなげうっていた女史は、いくつかのエピソードをのこしています。

ま夜中に腹をへらして、くたくたになって基地に帰り着いた女史は、若い戦士からウドンを食べようというのに微笑して、「わたしはこのままぐっすり寝るわ」といって、汗と土でネンド細工のようになった顔で、すがすがしくわらうのでした。

旧社会では、女史の人間愛も、ついに実をむすぶことができませんでした。新しい中国の真の意味での「人民のための赤十字」である紅十字会で、女史はこんどこそ本当に一生をささげているのです。

長い時間をかけて探しても李徳全に関する正確な資料は見つかりにくいこともあって、日本の新聞社も李徳全のことをよく知る人物を探し出し、彼女に関する紹介文を書いてもらうほかなかったようである。一方、李徳全がアメリカで交流のあった日本の評論家石垣綾子（一九〇三―一九九六）は、一九五八年青春出版社より『女は太陽の如く』という本を出版し、「固く結ぶ東洋の友情―再び李徳全さんにあって―」の章で、自身と李徳全とのふれあいを回顧している。石垣綾子は一九二六年アメリカにわたり、画家である夫とともに反戦運動に参加、米軍に協力し日本の情報を収集した。彼女は新中国誕生後に訪日した旧友との再開に興奮していた。

李徳全さんに八年ぶりでお逢した。ニューヨーク時代と少しも変わらない彼女の、おだやかな笑顔はほんとになつかしかった。アメリカで別れたとき、いつの日、どこで逢えるかということもわからなかった。その頃の中国は蔣政権と共産側とが対立して、内戦のるつぼにあった。今から思えば、それは新しい国として生れ出ずる悩みであったわけであるが、その中国に帰ってゆく李さんを見送ったとき、東京で再会できるとは、夢にも思っていなかった。あれから八年の間に、李徳全さんは新中国に迎えられて、内閣閣員に等しい人民政府の衛生部長となり、紅十字会長となって国際的にも活躍することになった。

李女史一行のわずか二週間たらずの訪日プログラムの間私はいろいろな歓迎会の席上で、李さんとなつかしい言葉をかわすチャンスはあったけれども、ゆっくりと落ち着いて語りあう暇はなかったので、残念に思っていたところ、箱根に一泊静養するから、そのときに「私のホテルにいらっしゃいな」ということになった。宿舎の富士屋ホテルに李さんをたずねると、「ほんとによくきて下さいました」と、私の手をかたく握りしめ、左手で私の指をさするようにして、室の中に導かれた。「またおなつかしい」と私は一緒に、彼女とならんでソファーに腰をおろした。卓の上には黄色と純白の菊の花が活けてあって、広い窓の向うには、紅くもえる山が、秋の午後の陽ざしを受けている。李さんとアメリカで一緒になったのも、箱根のように美しいニューヨーク州の高原であった。よく晴れた秋の季節で、紅葉した樹々が今日のようにてりはえていた。それは終戦の翌年ひらかれた国際婦人会議の折のことで、五十四カ国の女性が集まった。李さんは夫君の馮玉祥将軍と共に、渡米中であったので、中国代表の女性の一人として、この会議に出席し、私はそこで親しくなったのであった。

「あれからフィラデルフィア旅行したときには、同じホテルで一しょの部屋に、ベットをならべて寝ましたね」

李さんは部屋の中を見廻して、当時の思い出にふけるようであった。私もよくおぼえている。夜ふけまでベットに腰かけて、中国の未来のことや、日本の関係や、アジア人同士の友情を語った。女同士の気安さから李さんは馮氏と結婚した愛情の問題にもふれた。当時、北京のYMCA（注：正しくはYWCA）で幹事をしていた李さんは、参観に来た馮玉祥を案内したことから、お互の胸に芽生えた愛が実をむすんだのであった。当時、花嫁の李さんは二十九歳で、花婿の馮氏は先夫人と死別していた。馮氏は、北京統治の実権をにぎる華々しい名将軍であった。その彼が李さんに心ひかれたものは、外面的な美しさではなく、魂のあたたかい光りと、知性と教養の輝きであったにちがいない。

石垣氏の女性作家ならではの精緻な文章は、国家衛生部門の最高幹部という李徳全の政治色を消し去り、読者に親近感を与えた。文章は李徳全の生涯から訪日の詳細に至るまで躍動感をもって自由に描かれており、学術論文のような固苦しさは全く見られない。これは当時日本の官民が李徳全に対して抱いていた基本的な印象を代表しているといえよう。

五．当時を知る人々の声

1．王効賢女史へのインタビュー

二〇一五年六月　中国人民対外友好協会

一九五四年当時、私はまだ大学を卒業していませんでした。五三年当時の外交学会に呼ばれ仕事を始め、それから大学に戻してもらえなかったのです。すべて「廖公」（廖承志のこと）のもとで働いていました。私は彼の「帮子」（グループ）の中にいたのです。

北京大学に行ったのは大きな誤解からでした。本当は中国文学を勉強したいと思っていたのです。高校の担任には「中国文学を学ぶなら大学へはいくな。文学は経験によるもので、大学で学べるものではない」と言われましたが、「学校へ行かないわけにはいかない」と思っていました。「東語系」＝東方語言文学系です。東方の文学には中国も含まれるだろうと思っていて、東語系へ入りました。日本語は小さい時からやっているので授業に出る必要はないだろうから、日本語を

王効賢女史（中央）

選択して、中国文学の授業を聴講すれば良いと思っていたのです。ところが通訳という仕事に駆り出されてしまった。

私は大連出身で、担任は樋口先生という日本人でした。初めは大連で中国の学校に通っていました。学校では中国語も日本語もやりました。その後、長春へ行ったのですが、学校では勉強せずに「勤労奉仕」ばかりでした。仕方がないので日本人の「三笠小学校」へ行き、その後「錦ヶ丘中学」に通いました。

北京大学は一九五一年に受験しました。大学二年の時、一九五二年に高良《こうら》とみ、宮越喜助ら三人（注：もう一人は帆足計《ほあしけい》）が訪中しました。「廖公」が私に「北京大学で日本人の応対をするように」と指示しました。孫平化が「こんなに通訳が不足しているのに、ここ（北京大学）でなにしているんだ」と。すぐに外交学会に駆り出されることになりました。まだ卒業していなかったので、五五年にやっと卒業証書をもらうことができたのです。

（写真を見せながら）これが一九五四年の秋。ほかの写真も持ってきました。これは飛行機を降りたばかりの時。三笠宮殿下と高松宮妃殿下です。

――まだ国交のない時に、なぜ皇室の人と会えたのですか？

日本政府は台湾との関係が深かったし、国交も結んでいました（注：一九五二年日華平和条約）。しかし建国前の中国と親しい人は多かった。松村謙三、石橋湛山（注：ともに五九年訪中）、経団連会長など（注：初代・石川一郎、日産化学工業　一九四八・三―一九五六・二、第二代・石坂泰三・東京芝浦工業　一九五六・二―一九六八・二）。吉田茂だけが悪かった。一九五〇年日中友好協会が設立し、四九年新中国設立後まもなく、日本の財界の人々が「中華人民共和国を承認すべき」と声をあげました。

当時、財界の人々は中国とやっていかなくてはいけないと思っていたようです。ある人が言った言葉を思い出します「私には二つの顔がある。私の前の顔はアメリカを向いているが、後ろの顔は中国を向いている」と。

かなり早い時期に周恩来総理は李徳全に言っていました。私たちにも言っていましたが、「なんとかして日本と繋がりをつくらなければ。日本政府は我々を見向きもしないが」と。我々の対日政策は「以民促官」。日本の民間はもともと中国に友好的なので、中国を承認しない訳にいかないと思っていたのでしょう。李徳全が中国紅十字会の会長として、ある国際会議に参加する前、周総理から「日本赤十字社の島津《しまづ》忠承《ただつぐ》社長と知り合いになるよう」と言われていました。

周総理は当時中国に残っていた「日僑」日本人居留民を帰国させることを考えていたのです。それにはその（赤十字の）ルートを使わなければならない。戦犯送還の前に一九五三年、「日僑」の帰国から始めました。それ以前に松村謙三とは一九五一年から連絡を始めていて、新中国がまだ成立するより前からこれらの人々は中国を承認していました。松村は新中国誕生間もなく訪中し、周総理は松村を伴って密雲ダムへ行っています。

——李徳全の訪日、戦犯の送還はすべて周総理が計画したものだったのですか。

李徳全が訪日した理由は、一九五三年に「日本僑民」を帰国させたからです。我々は「引き揚げ」という言葉を使わず、「送還」と言っていました。「引き揚げ」は国民党時代の言い方だから「日僑」という言葉も使わず、「日本居留民の送還」と言っていました。（言葉には）非常に気を遣っていました。

一九五三年の送還は日本の「興安丸」が天津まで迎えに来たけれど、人々は天津まで移動しなければなりません。当時、中国は困難の時期にありましたが、日本人居留民の天津までの旅費は中国が負担しました。大勢の華僑も興安丸で帰国しました。これはすべて周恩来が李徳全を通して国際赤十字と連絡をとりながら行った事。日本は非常に感謝して、李徳全の訪日を招請しました。しかし日本政府はなかなか許可を出さなかったため、一〇か月かけてやっと実現したのです。一九五四年一〇月に訪日。廖公は日本に詳しいので実際の事はすべて廖公がやっていました。廖公は日本に到着した時、魯迅の有名な言葉を引用して「地上にはもともと道がない。歩く人が多くなればそれが道になるのだ」「日中友好の道もこうしてできていく」と、流暢な江戸っ子調の日本語で言いました。

李徳全の訪日はまさに日本を湧き立たせました。毎日、朝食、昼食、夕食だけでは足りない。面会が間に合わないのです。その他にお茶の時間も入れて一日中ほんとうに忙しかった。東京の他、関西方面へ行きました。よく覚えているのは、廖公が出発前に何を着ていくか検査したことです。当時私は学生だったので、学生服とスーツを作りました。廖公には服装やふるまい方などすべてチェックされ、「お嬢さん、これ（スーツ）は棺桶に入ってから着なさい」と言われ、じゃ何を着ればよいのかと尋ねると「チーパオ」（いわゆるチャイナドレス）だと。あわてて二着作り、滞在中は赤と緑のチーパオ二着で過ごしました。李徳全は黒のチーパオに上着でした。

関西へ移動する際は、日本の友人がみな列車に乗って来て、一駅二駅座って話しては降りていきました。中には折鶴をたくさん折ってくれた人もいました。

李徳全の日本遊覧の様子

京都、大阪では車の移動です。路上は人でいっぱいでした。道の両側に並んで手を振ってくれました。「なんだ中国人って私たちと同じじゃないですか」という声が聞こえ、それは今でもはっきりと覚えています。李徳全はその間ずっと手を振っていました。

名簿は訪日の際に渡しました。相手は赤十字社だったと思います。四〇数名には刑罰が下されていたが、それ以外はすぐに帰国させました。李徳全はとても付き合いやすい人でした。一行はみなとてもよくしてくれました。李徳全とはその後も良い友人としておつきあいしました。

一九五三年、「三団体」＝日本赤十字社、日中友好協会、日本平和連絡会が中国へ来て、この時、日本赤十字社が李徳全を日本に招待しました。その前（注：一九五〇年）に李徳全はモナコの国際赤十字会合で島津忠承と会っていました。当時、中国には三万人の日本人居留民がいて、それを送り返したいと発表しました。

――訪日の際、赤十字社、皇室、財界人のほかに、政治家も身分を隠して会いに来ましたか？

身分を隠す必要はなく、政府の人間として出てきました。当時の外務省中国課長（注：小川平四郎）とはその後も親しくしていました。日本には一三日間滞在。東京、名古屋、京都、大阪、神戸、横浜。朝、昼、晩の宴会、午前・午後の歓迎会、座談会のほか、「午後四時にもお茶会」などで、ホテルへ戻るのは夜の一〇時ころ。七八万人の日本人がこれらの活動に参加したと聞きました。

代表団のようすは毎日、新聞報道され、我々の部屋番号まで報道されていました。部屋を訪ねてくる人もいました。日本の警察からの警護のほかに、多くの華僑が心配して警備にあたってくれました。日本の友好人士も「警察は心配だ」といってきてくれました。私たちが夜寝ている間も、部屋の前で寝ずの晩をしてくれていたのです。その後、彼らが中国に来て、私はそれを聞いた時、感激し、深くお辞儀をして感謝しました。

――解放前、李徳全はキリスト教徒だった。訪日中にキリスト教関係者とは会いましたか。

特に会っていません。

一九五六年政治協商会議第二次全国委員会常務委員会で、戦犯処理の問題を検討しました。周総理は政協主席としてこう発言しました「かれらは今戦犯であるが。二〇年後には友人に、日中友好に心を寄せる友人になるであろう」。後年、古海忠之（ふるみただゆき・元満州国総務庁次長）が帰国する際、周総理は彼と会見し「中国の事を忘れずに、中国と友好関係を続けて欲しい」と言いました。本人だけでなく、その息子も中国と友好的でした。私はその息子さん（注：古海建一・東京銀行常務取締役）と長いこと友人でした。

一九五六年、日本から船を出して、戦犯第一陣が帰国。四五名を残して、順次送還し、六四年までに全員送還しました。

訪日代表団は、李徳全（団長）、廖承志（副団長）、楊振亜（通訳）、王効賢（通訳）、呉学文（記者）、肖向前（外交協会）、倪斐君（紅十字会）などでした。（注：その他、伍雲甫、趙安博、紀鋒）

以上

2. 郭平坦氏へのインタビュー

二〇一五年九月　北京市海淀区翠微路　郭平坦氏自宅

私は一九三三年台湾の台南市で生まれました。祖先は山西省汾陽で、河南省固始県に移り、その後、福建の漳州に移住し、最後に台湾へ来たようです。両親の墓には「原籍　山西汾陽」、郭子儀（六九七―七八一）の末裔と書かれています。台湾では五代目になります。その頃は日本の統治下で、一、二年生から日本語を学びました。私の父は当時、布を扱う店を開いていましたが、不景気だったため、小学二年生、七歳の時に一家で日本へ引っ越し、紡績工場を建てました。七歳から二二歳までの一六年以上、小学校から中学、高校、大学、大学院まですべて日本でした。早稲田大学の法学部で国際法を学び、日本での一七年間はずっと学生でした。一九五二年から「中国留日同学総会」に参加し、一九五四年「地下党（共産党の地下活動組織）」に入りました。

中国共産党中央と日本共産党中央は、日本共産党華僑支部を作り、それを日本共産党所属と決めましたが、一九五〇年代に日本共産党は米軍に骨抜きにされたので、我々は中国共産党の指導を受けることになりました。一九五五年バンドン会議で「平和五原則」が提起され、内政不干渉が提唱されました。日本で地下活動をやるのはふさわしくないと、「地下党」は解散したのです。当時、「廖公（廖承志）」が中国共産党中央を代表して「解散すべきだ」と我々に告げたのです。

それから一九五六年に帰国し、改めて党籍を確認することになったのです。帰国後は高級機密機関で毎年「優秀幹部」や「模範」でしたが、資本家の出身だったため「出自が悪い」として入党が認められませんでした。一九七四年に林彪が死んで、すぐ入党しました。その間二〇年です。

私は地下党員でしたし、学生会の主席もしていました。この経歴があったため、重用されました。（帰国は）林麗韞より後です。彼女は一九五二年に戻っていました。日本では大学へ行かず、帰国後に北京大学へ入学したのです。彼女の父親は神戸の華僑聯盟にいました。地下党です。私が一九五四年に結婚した時、みな私が共産党だと知っていたので、誰も私の仲人になってくれませんでした。林麗韞の父がそれを知って、自分がすると申し出てくれたのです。後に私は外交官になり、彼の孫が結婚するとき、仲人になりました。

――李徳全の第一回訪日の時のことをお聞かせください。

私自身の体験についてお話しします。李徳全が代表団を率いて日本へ言ったことは日中関係の一つの突破口でした。当時中華人民共和国は建国したばかりで、アメリカはそれを敵視していました。日本政府もアメリカに追随し中国を敵視し、経済封鎖まで行い、中国との貿易を禁止しました。当時の首相吉田茂はもともと中国との貿易を重視していたが、アメリカの圧力のもと一九五一年サンフランシスコ平和条約を結び、先ず台湾を重視したのです。このような状況下、当時外交戦略の中心は毛沢東、周恩来がみずから策定したもので、いかにして経済封鎖を解き、日本と国交を樹立するかというものでした。李徳全の訪日は人道主義をかかげ、日本人居留民を帰国させ、その状況を突破したのです。居留民帰国の前にも貿易交渉はあり、日本は中国との貿易を望んでいました。一九五二年五月、高良とみ、帆足計、宮越喜助という三人の国会議員がモスクワ経由で北京に来て、第一次日中民間貿易協定を結んだのです。

彼らは国会議員でしたが、経済界を代表していたのです。もとは小さな突破口でした。しかし一九五三年朝鮮戦争が休戦し、日本人居留民が帰国し、日本の通産省が規制緩和を行い、国会では日中貿易促進の決議が承認されたのです。しかし貿易の範囲は限られており、日本全体として動きようがありませんでした。そんな中、一九五二年一二月一日、中国政府スポークスマン趙安博が新華社を通じて、声明を発表したのです。中国には四万人以上の日本人居留民がおり帰国を希望している。中国政府は交渉のため日本政府から北京へ人員派遣を要請すると。そして日本の「三団体」、日本赤十字社、日中友好協会、日本平和連絡会が北京を訪れ、中国紅十字会と交渉に来たのです。当時、中国紅十字会の交渉団団長は廖承志でした。

一九五三年二月下旬です。日中双方は合意に至り共同声明を発表し、日本政府が船を派遣し中国の日本人居留民を迎えることになりました。一九五三年三月から、日本の船は上海、天津、秦皇島から日本人居留民を迎えたのです。当時のいきさつはこのようなものでした。それがなぜ突破口といえるのか。理由は三つあります。第一に、帰国した日本人居留民が、新中国のことを宣伝したのです。第二に、彼らの帰国と同時に、日本にいた華僑もたくさん中国に帰国し、人的交流が増えました。第三に、李徳全たち代表団が日本を訪れた後、中国の労働組合代表団やスポーツ代表団も行きました。日本もスポーツ代表団や青年代表団が中国に来ました。当時の対日工作は民間が先行しています。民を以って官を促す。そして人道主義をかかげたのです。これらは簡単ではありませんでした。
中国から日本人居留民が帰国したことは大きな反響を呼びました。当時日本人は（中国の）東北地方に多かったので、帰国に間に合わず、多くが解放軍に参加しました。中国共産党に入党した人もいました。彼らは、国民党が腐敗し無能なことや、ソ連軍が悪事の限りを働くのをその目で見ました。それに比べれば、共産党や八路軍は規律正しく、民衆に迷惑をかけず、誠心誠意人民のために服務していました。これらのことを経験した彼らは非常に感動した。彼らの帰国に際しても、中国政府はお金や物資の面で便宜を提供した。まさに出来る限りの善意を施したのです。日本へ帰国した後、それを広く伝えました。当時、日本のメディアも左派が大勢を占めており、これらの帰国者が新中国を宣伝し、中国共産党を讃えるのをすべて報道し、日本で中国ブームがおきました。

――なぜ当時のメディアは中国に対して好意的だったのでしょう。

日本が投降したのち左派が台頭し、各メディアの左派勢力も強くなりました。『朝日新聞』をはじめとする多くのメディアがこういった事情を反映し、日本での影響力が大きかったのです。私たち華僑もそうでした。当時日本にいた中国人留学生の間には愛国的な「中国留日同学総会」があり、六つの集合宿舎がありました。それぞれに組織委員会があって、彼らは日本人帰国者を呼んで状況を紹介してもらったり、座談会を開きました。当時、学生たちは思想的に、共産党も国民党もよくわかっていませんでした。私は「清華寮」に住んでいました。台湾の学生の宿舎です。彼らは新中国や中国共産党に好感をもっていましたが、理解してはいませんでした。国民党に対しては「二・二八事件」があったため憎しみを抱いていました。やはり当時は多くの人が中国共産党に共感していました。日本人帰国者の話を聞いて、基本的に新中国寄りになったのです。その後、一九五三年から帰国運動が始まりました。多くの「中間派」、私たち左派は彼らを思想的に遅れた人々だと思っていましたが、そんな彼らもみな帰国したのです。宿舎にいた四十数人のうち、三十人以上が帰国しました。彼らの家はみな台湾で、東京大学卒業や帝国大学の優秀な学生が何人もいました。

――戦後大陸からの中国人留学生はもう少なくなっていて、残っていたのは台湾の学生ですか。

そうです。第二次世界大戦中、日本へ言った留学生は多くが「満州国」で、汪精衛が派遣しました。最も多い時期には三千人以上でした。日本が投降する前アメリカの爆撃があり、多くは帰国しました。日本が投降した時に残っていたのは五、六百人です。台湾の学生も七、八百人でしょう。一九四六年の統計では、一、一〇〇余名の留学生のうち三分の一が大陸から、台湾からが三分の二で、彼らは「留日中国同学総会」を作りました。日本人帰国者の影響を受けて、留学生も華僑もみな新中国寄りになったのです。実際のところ我々の新中国や中国共産党に対する認識は、すべて彼ら日本人帰国者からのものでした。

私は一九五四年に入党しました。私の義理の兄は一九五六年台南で国民党に殺されましたが、後に明らかになったのは、彼が中国共産党台南市委員会の書記で地下党員だったことです。私は

郭平坦氏

国民党を恨んでいます。当然中国共産党よりになります。多くの人、特に「中間派」の大部分は、新中国寄りになったのは日本人帰国者の影響です。華僑もそうでした。もうひとつ特殊な状況が戦犯でした。ソ連軍が東北に侵攻し、数万人の日本人捕虜をシベリアへ送り、ろくな食べ物も与えず強制労働させました。蔑視や虐待もあったでしょう。少数の積極分子を除いて、みな苦しい生活を送っていました。新中国設立後、毛主席はソ連に対し、中国の主権に関わる問題だと言って日本人戦犯の引き渡しを要求しました。一九五六年になって次々に送還されました。この時、中国の待遇はソ連とは異なり、戦犯に労働はさせず、良い食事を与えました。やらせたのは学習、罪を認めること、教育、自己の誤りを認識することでした。彼らははじめ反発していましたが、次第に感化され、罪を認めたのです。私はのちに遠藤三郎中将の受け入れ対応をしたことがありますが、取り調べの時に魂に触れるものがあったと言っていました。張葡萄という名の老女が、泣きながら遠藤三郎を非難したのです。なぜ私の夫と子どもを殺したのか、なんて残忍なのかと。彼は一九五六年帰国前に罪を認めました。

――戦犯のリストが李徳全の代表団によって一九五四年に日本へ届けられたのですね。

そうです。李徳全はそのリストを日本に渡し、日本側ははじめてこれらの人々がいることを知ったのです。取り調べによって最終的に四五人が起訴され、最も罪の重い者は二〇年の判決を受けました。一九六六年に全員釈放されました。撫順以外では、太原が多く、合計一、一〇九人で、一九五六年から帰国が始まりました。彼らは日本に戻ってから誠心誠意日中友好を願い、中国共産党を宣伝し、後世を日中友好に捧げたのです。彼らはこう言っていました。当時中国人は自分たちを「鬼子」と罵ったが、我々は確かに「鬼」だった。共産党が人間に変えてくれたのだ。共産党に心から感謝していると。彼らはソ連から帰国した人たちとは違っていました。ソ連からの引揚者は、新潟港に着くなりデモ行進をし、ソ連に反対し、ソ連の人道に外れた行為を非難しました。当時私は神戸から東京に行く列車の中で聞いたことがあります。数人の日本人が、ソ連は彼らをどんなに虐待したかと言ってますます慷慨し、ソ連をひどく憎んでいました。中国から帰国した戦犯は舞鶴港に到着すると代表者が声明を出しました。中国に感謝します。中国共産党に感謝します。私の余生は必ず日中友好に捧げますと。

――ソ連での苦役と鮮明な対比ですね。

一人だけ、「満州国」の裁判官だった人が、日本に帰国もまた裁判官になりましたが、彼は中国を悪く言っていました。すると他の日本人が、彼が中国で書いた自白書を日本の新聞社に渡し、それが掲載されたのです。自白書には私はこれこれこんな悪事を働き、非常に後悔しています。心からお詫びをしますと書かれていました。それが新聞に載ると、誰も彼のことを相手にしなくなりました。他の帰国者はみな心から中国に感謝していました。たとえば一九五三年のメーデーで我々「中国留日同学総会」は五星紅旗と毛沢東主席の像を掲げて行進しました。中国から帰国した若者や女の子、男の子が中国の服を着て、我々と一緒に行進し、秧歌（ヤンコ踊り、中国の大衆舞踊）を踊っていました。彼らの中国に対する思い入れは深いのです。日中友好協会はのちに全国に展開されましたが、それは彼らのような人々によるものです。中国政府の寛容な対応は、中国紅十字会を通して彼らを帰国させ、大きな役割を果たし、このような世論の基礎となったのです。

——李徳全の訪日の際、同行されていたそうですが。

それは誤解です。当時私は（中国留日同学総会の）三番目で、東京同学会の主席でしたが、中国語があまり上手くなかったので。（写真を指して）これが呂永和、東北地方出身ですが、彼が廖公に付いて行きました。一九五五年に帰国してからは廖公事務所に勤務したのです。一九五四年からは私がトップとなり、その後、警備隊隊長と通訳を務めました。日本人居留民四万人以上が帰国し、当時日本にも四万人以上の中国人がいました。台湾人が三分の二。それは第二次世界大戦中、日本には労働者が不足しており、台湾から多くの労働者が日本にやって来ました。日本が投降してからは「闇市」の商いに頼り、物資の転売などする者もいました。初めはよかったのですが、一九五二年、五三年にはだめになり、生活のめどが立たなくなりました。当時、国民党が台湾を鎮圧していたので、感情的に受け入れられない上、台湾の経済もだめでした。新中国は始ま

中国紅十字社代表団と華僑らの集合写真（1954年11月）。
前右から三番目が廖承志、後右が郭平坦氏

ったばかりでしたが、日に日に飛躍的に発展し、人々の評判がよかった。それで多くが（大陸への）帰国を望んだのです。新中国は設立後、人材が不足しており、あらゆる職業が盛んでした。特に外交部門は新しくやり直す必要がありました。過去の、侵略者の手先や国民党は要らない。日本語人材が不足していました。同学会は一九五〇年から次々と帰国しました。当時船賃はとても高かったし、複雑な手続きが必要でした。東京華僑総会に報告し、国民党代表団に報告し…時間が長く、費用も高く、手続きは香港へ行くことさえありました。一九五三年には数百人が帰国を希望しており、個別のやり方では追いつきません。ちょうど紅十字会の話を聞いて、東京華僑総会、同学総会は中国政府に要望を出しました。日本人居留民を迎える船に我々を乗せてもらいたいと、中国政府から日本政府へ要求して欲しいと。その後、華僑総会と日本赤十字社が連絡をして、日本政府が同意したのです。

――日本人居留人を迎える船に、華僑を乗せたのですね。

このように合意した協議書に「日本人居留民を迎える空の船で、日本の華僑や留学生を送る」とあります。しかし四回目以降、五、六月になると、日本政府が方針を変えました。韓国政府やアメリカ軍が安全を保証できないため。そして台湾当局も、台湾からの留学生が台湾へ戻らず大陸へ行き、多くの労働者も台湾へ戻らず大陸へいくなど、メンツがたたないと抗議してきて、安全を保証できないためというのです。このような情況の下、華僑は（一九五三年）六月五日に大会を開き、日本政府の言行不一致に抗議しました。その後、私のような若者が数百人、一橋講堂から外務省へ行き、外務大臣の執務室の前で座り込みをしました。百人、二百人いたでしょうか、私も家内も行きました。夜一〇時過ぎ、横浜の留学生も支援にやって来ました。それから警察が派遣され、警官四人が私たちを担ぎ上げ、外に連れ出しました。二三十人が担ぎ出され、残ったのは女こどもだったので、我々は自主的に外へ出たのです。この様子は新聞記者が写真を撮り、録音し、次の日には報道されました。

当時メディア報道があった後、日本の人々は華僑に同情し、日本政府はけしからんと。日本人居留民の帰国に中国は善意を尽くしたのに、中国の人が帰るのに何もしないとは。日本の国会では野党が緊急動議を提出し、日本政府は東京華僑総会副会長の陳焜旺（一九二二―）を証人喚問に招きました。彼は証人喚問の中で、これら華僑や留学生の帰国は政治問題でなく、生活問題であり、人道主義の問題であると述べました。その時、中国政府も強硬に出て、この問題が解決されなければ日本からの船の往来を禁止するとしたのです。日本政府はどうすることもできず、台湾当局と韓国に安全を保証するよう依頼しました。このようにして一九五三年に日本から三、一七八人が帰国し、合計四千人が帰国しましたが、これは当時日本にいた中国人の一％でした。日本に四万人以上が帰国し、日本の華僑四千人が帰国しました。このようにして人員の大交流がおこなわれ、その後の日中交流の基礎を作ったのです。中国紅十字会の代表団が行ってから、日中関係に新しい突破口ができ、両国民間相互訪問の波が生まれました。紅十字会は一九五四年一〇月に行き、一九五五年三月に中華総工会が、一九五五年四月に中国国際貿易促進会の貿易代表団が行き、一〇月には中国商品展覧会が東京と大阪で行われました。一二月に郭沫若が率いる学術調査団が、一九五六年五月には梅蘭芳率いる京劇団が訪問し、ものすごい反響でした。多くの香港人がチャーター便で東京へ観劇に行きました。台湾当局官僚は華僑が行くのを禁止していましたが、こっそり行く者もいました。一九五六年四月には卓球選手団も行きました。このように民間、貿易、体育、文化、何でもありました。日本も同じです。朝鮮戦争が休戦したのち、一九五四年の国慶節に一〇〇人以上の日本人を招待しました。一九五六年は一、二四三人、一九六五年までの間に三、八〇〇人以上となりました。一九六五年八月共産党青年団中央は青年連合会の名目で日本の青年五〇〇余人を北京に招き、人民大会堂では毛沢東、劉少奇、周恩来、鄧小平、彭真、郭沫若、廖承志が出席しました。一九六五年一〇月日本の商品展覧会が北京で開幕し、新中国ではじめて日本の国旗が掲揚されました。当時は大衆の反対意見が多く、根回しが大変でした。

その頃の毛主席はすごいもので、日本の代表団団長に向かって、天皇陛下と首相閣下によろしくと言っていました。

――当時、毛沢東は日本との関係に熱心でしたね。

ええ。重点は周恩来でした。一九五二年に廖承志を対日工作の全権責任者に任命したのです。廖承志は日本で育っているので、毛沢東は彼を半分日本人だと、よくからかっていましたよ。

――李徳全が日本へ行った時、あなたは主に警備をしていたのですか。

李徳全が行った時、徐々に三組の警備隊ができていきました。第一は日本の警察で、表面的なものでした。第二は日本共産党で、安全面での問題に責任をもち、ホテルの入口で見張りをしていました。第三が我々華僑、留学生です。通訳、雑用、警備、何でもやりました。

――李徳全の訪日期間中、あなた方は全日程警備についたのですか。

全日程にわたって警備を行いました。廖承志は当時、政務院華僑事務委員会の副主任でした。訪日中、メディアは李徳全を取材することが多かったのですが、廖承志は時間をみつけて華僑工作をしていました。彼は東京でも神戸でも、華僑に新中国の政策を説きました。日本人とは友好的に、内政には干渉しない。もし条件がなければ、必ずしも五星紅旗を入り口に掲げなくても、心のなかに掲げていれば良いと。また特別に学生への工作もしていました。君たちにとって、一に学習、二に学習、三にも学習だと、学生たちに説いていました。よく学べば将来祖国に貢献できると。この時、我々に語ったのは、日本共産党中国支部を解散するようにと。そして今後活動の際には五星紅旗や毛主席像を掲げないようにとも。

――李徳全が日本へ来た時、メディアや民衆は彼女のイメージを特に重視し、意外に感じていたと思いますが。

そうですね。とても穏やかで、彼女はキリスト教徒でもありましたし、親しみやすかったのでしょう。彼女のイメージは日本人に非常に良い印象を与えました。

当時国民党は共産党を「青黒い顔に大きな牙（凶悪で恐ろしいもの）」と宣伝していましたので、李徳全のイメージは良い作用を及ぼしました。それに彼女は馮玉祥の夫人でもあって、国民党とも関係があり、中国共産党員ではありませんでした。

――李徳全がキリスト教徒だということに特別な見方をしていましたか。

ありません。中国共産党は「信教の自由」を非常に明確にしています。李徳全のキリスト教徒としての身分は、逆に良い作用をしていたと思います。

以上

李徳全

日中国交正常化の「黄金のクサビ」を
打ち込んだ中国人女性

下編

李徳全と馮玉祥

一．新中国における衛生・慈善事業の総責任者

1．はじめての女性大臣

一九四九年一〇月一日、中華の大地に新しい国家政権が誕生した。毛沢東は北京の天安門の上から世界に対し、「中華人民共和国中央人民政府は本日正式に成立した」と厳かに宣言した。

この年の一〇月一九日、中国中央人民政府委員会第三次会議は、政府が立ち上げた各部門を採択したが、同時に発表された各部門の「部長」リストの中に二名の女性の名前があったのは、とのほか目を引いた。中国の「部長」とは日本の「大臣」に相当する。二人の年齢はほとんど変わらず、そのうちの一人は衛生部長の李徳全（一八九六—一九七二）、もう一人は司法部長の史良（一九〇〇—一九八五）であった。

新中国の政権体制は、中国共産党を中心とした多党協力体制である。史良は現代中国において有名な法学者であり社会活動家でもあった。かつて一九三六年に抗日救亡運動に参加し指導して

史良

李徳全

いたことから国民党政府に逮捕されたものの、全国的に抗議の声がわきおこり、最終的に釈放された有名な七人の民主的著名人、いわゆる「七君子」のうちで、唯一の女性であった。彼女は、中国民主同盟の指導者という身分によって、新中国の初代司法部長の任を担うこととなった。李徳全は、一九四八年一月に中国国民党革命委員会の中央執行委員に選ばれ、九月には中国国民党革命委員会の指導的メンバーの一人として、中国人民政治協商会議の第一回全体会議に参加し、政協全国常務委員に選出された。彼女が初めて新中国政府の衛生部を掌管することになったのもまた人々の待ち望んだことだった。

新中国中央政府の指導者の中で女性は一定の比率を占めており、中国古来の政治体制における初めての試みだと称えられた。そしてこれはこの後、中国の各レベルの政権制度や構造において一つの慣例となった。これは主に、マルクス主義を政治的な趣旨とする中国共産党が、党の創立および中国革命運動の展開の段階から、自身を解放する群衆闘争に身を投ずるよう女性に呼びかけ、女性の合理的・合法的権利を勝ち取ることを重要な指導上の思想の一つにしていたことによる。近現代における中国革命運動の各段階にとどまらず、貧しい女性から知識層の女性まで相当な数の各階層の女性が、政権・族権・神権・夫権という「四つの大きな山」と呼ばれる巨大な圧力に対して抵抗してきており、また、のちに人民政権の成立過程に身をささげ、多くの女性の英雄、女性幹部、模範的女性が現れてきていた。毛沢東には「妇女能顶半边天（天の半分は女性が支える）」という名言があるが、中国では誰もが良く知っていることばで、女性に対する歴史的な功績に対する称賛だとみなされ、また女性が自身を解放するためのスローガンでもある。統計によると、一九六四年一二月から一九八三年六月の間、第三、四、五回の全国人民代表大会の代表の中で、女性の数はそれぞれ一七・八％、二二・六％、二一・二％に上った。また、女性の全人代常務委員会における比率も、一七・四％、二五・一％、二一％にも上った。このほか、一九六九年から一九七七年の中国共産党第九、一〇、一一回全国代表大会で選出された中共中央委員のうち、女性の割合は七・六％、一〇・三％、七・〇％であり、候補委員のうち女性は九・二％、一六・九％、一八・二％であった。これらの割合が証明しているのは、近現代中国において女性が政治的解放や社会的・経済的に平等な地位を勝ち取ることへの情熱が高まっており、中国には優秀な女性指導者が抜擢されるような素晴らしい環境と土壌がそろった場所だということである。宋慶齢（一八九三―一九八一）は中華人民共和国の副主席を担ったことがあるが、のちには中央政府の女性副総理の呉桂賢（一九三八―）、陳慕華（一九二一―二〇一一）、呉儀（一九三八ー）等もいる。李徳全が当時新中国の初代部長に就任したことは、国外を驚かせることになったが、中国の人々の目には全く不思議なものとは映らなかったのである。

一九四九年一一月一日、中華人民共和国の衛生部が正式に発足した。一一月二一日、李徳全は北京の「后海」にある清朝時代の摂政王府跡地において衛生部を指導し、業務を広げていった。このことは、中国大陸の医療・保健などの衛生事業が新しい局面を迎えたことを示しており、李徳全個人の長年にわたり温めてきた、ある夢が実現することでもあった。李徳全の姉は以前、虫垂炎のために手術を受けたが、医者が不注意からメスを腹部に残してしまい、二度目の手術に失敗して早世してしまった。これは李徳全にとって生涯忘れられない出来事となり、彼女が北京の貝満女子中・高等学校を卒業したとき、日夜思い続けた希望の進路はまさに大学の医学専攻に出願することであった。そして将来医者となり、病や出産などによってつらい思いをし、悪くすれば命まで落としてしまう、このような人々のために働くことを願っていた。ただ残念なことに、当時彼女の家は貧しく、借金をしてやっと大学に通うことができる状態であり、しかも医学専攻の学費はとても高かったため、費用が比較的安くすむ華北協和女子大学の普通科に出願するのがやっとであった。のちに抗日戦争の時代に、李徳全は重慶で友人たちと語り合い、あのとき経済的な問題のために医学を学べなかったのは生涯に残した遺憾であると、当時をふりかえった。そして彼女は自分と妹の二人の娘に医学を学ばせ、また二度とやぶ医者が人を傷つけることのないように自分で病院を作りたいと考えていた。解放後、彼女は中国の衛生事業に貢献するという長年の願いをようやく叶え、多くの医療関係者と協力して仕事ができることを大いに喜んだ。一九四九年から一九六五年の一六年間、李徳全は衛生部長を務め、中国の医療・保健事業のレベル改善と向上のために法律、制度、物資設備、人材育成など多方面にわたる基礎を作り上げた。このように人々の健康のために力を尽くし、中国人が「東亜病夫（東アジアの病人）」というレッテルを剥がすために、偉大な貢献を成し遂げた。

まず、李徳全は衛生部と政務院共同で、『关于严禁鸦片烟毒的通令（アヘン禁止令）』や『关于禁止妇女缠足的通令（女性の纏足禁止令）』など、新中国の衛生業務に関する一連の指示および条例を出した。一九五〇年初頭には、衛生部が『关于一九五〇年医改工作指示（一九五〇年医療改革業務に関する指示）』を発出し、新中国における衛生機関の設置、組織編成、衛生職員の管理などのために具体的な部署を設け、ここから新中国の各レベルの衛生組織や病院が少しずつ整備されてきた。この基礎の上で、衛生部は続けて『关于成药管理暂行条例（草案）（調合薬管理暫定条例〈案〉）』や『关于血吸虫病防治工作的指示（住血吸虫症予防業務に関する指示）』、『关于预防霍乱的指示（コレラ予防業務に関する指示）』などを公布し、中国における衛生事業を「民衆のため」「予防第一とする」といった路線にそって機能させていった。

一九五〇年六月一四日から二三日にわたり、全国政協第一期第二回会議が行われた。これは、新中国の誕生以降、政治協商会議が人民代表大会の機能に代わって開かれた初めての大会であった。このときの会議で李徳全は『为建议设立县以下基层卫生组织机构，以加强防疫医疗而利生产事业案（県以下の末端衛生組織・機構を作ることにより、予防医療を強化し生産に利する事業案）』（第一二号提案）と『请全国各党派各群众团体，协助发展群众卫生运动，以减少人民疾病及死亡率，而保证生产建议

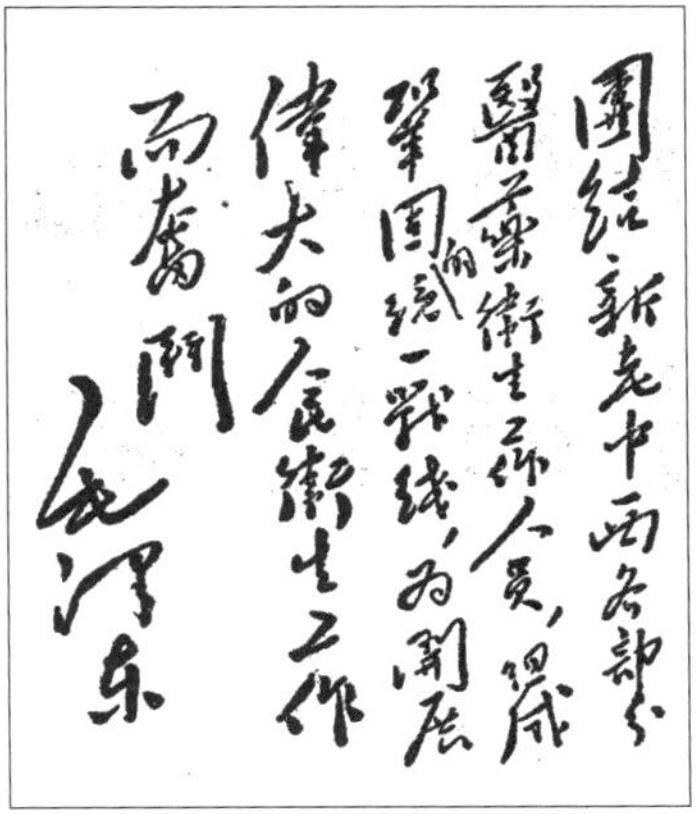

毛沢東の題辞

案（全国各党、各派、各群衆団体が協力して群衆の衛生運動を発展させることにより人びとの疾病及び死亡率を低下させ、生産を保証する建議案）』（第一三号提案）を次々に発表した。新中国成立初期の、これまで棚上げにされていた課題に一斉に取り組み始め、衛生環境・健康環境が非常に厳しい中で、李徳全は次の二項目の事業こそが真っ先に取り組まれるべきものであると考えていた。一つ目は衛生事業を行う集団を整備し、健全な農村・工場・都市の末端衛生組織を作ること、二つ目は力を結集して、人々の健康を損なう流行性疾患や母子の命を脅かす病気を予防するということである。それに続いて、八月七日から一九日の間、李徳全が主宰した第一回全国衛生会議が盛大に開催され、毛沢東主席はこの大会のために題辞を送った。「団结新老中西各部分医药卫生人员、组成巩固的统一战线、为开展伟大的人民卫生工作而奋斗（新・旧、中国・西洋それぞれの医療従事者が団結し、堅固な統一戦線を築き、偉大なる人民衛生業務のために奮闘しよう）」。

一九五三年三月から、李徳全は衛生部を指導して「中央防疫総隊」という機構を立ち上げ、その下に六つの大隊を設けた。短期間の政治学習と技術訓練ののち、防疫担当者は全国の疫病被害が甚大な場所へ派遣される。その目的は、速やかに疫病を消滅・管理し、人々の健康を保障し、経済的な損失を減らすこととされた。これらの医務従事者は懸命に働き、非常に立派な成果をおさめた。一九五二年一〇月には、全国で新たに黒熱病予防施設八か所、寄生虫予防施設一八か所を設けた。全国の八五%の県に衛生院を合わせて一八六五か所設置し、また民間が経営して政府が助成する方法を採用して一四九八か所の区衛生所を設立した。青海・内蒙古・新疆の三か所の少数民族地区では、衛生院を九二か所、病院を二四か所設けた。李徳全の提案を進めたことにより、全国の末端衛生組織・機構は一応の規模が整った。

全国で大規模な愛国衛生運動が展開され、都市と農村の衛生環境は以前に比べて明らかな改善が見られた。衛生部は特に用水路をさらうことを推進、実行し、上下水道を整え、トイレを改修し、ゴミや糞便を取り除き、人々や動物の飲料水の安全を確保するなどの措置をとった。数年間にわたるこうした努力の結果、北京の「龍須溝」、天津の「万徳庄」、南京の「五老村」など、一年中においがひどい劣悪な環境であった場所が、新しく清潔な住宅地に作り替えられた。これらの衛生事業の達成は、作家の老舎（一八九九—一九六六）に刺激を与え、新劇『龍須溝』を生み出させることとなり、この劇はまた後に映画化され、国内外に大きな反響をもたらした。

「病気を予防することは、人民の健康レベルを一歩一歩向上させることである」という事業方針の下で、新中国の流行性疾患の予防事業も、同様に著しい成果を収めた。一九五六年になると、

『龍須溝』スチール写真より

一八二〇年以降海外から中国に入り長年流行していたコレラも発生しなくなり、いくつかの重点地区においてはペストも消滅し、天然痘がわずかな辺境の地域で散発的に発生したことを除けば、ほぼ無くなった。さらに、長江両岸から江南までの十数か所の省・市で人々の健康を脅かしていた住血吸虫症も、基本的に抑えられた。たとえば、毛沢東は住血吸虫症の予防を非常に重視しており、衛生部からの報告を受け、一九五五年に華東・中南地区の省委員会書記会議を開き、「住血吸虫症は必ず消滅させなければならない」という目標を設定した。衛生部および各レベルの政府による緊密な連携と協力により、一九五八年六月三〇日の『人民日報』には「第一枚の赤い旗——江西省余江県で住血吸虫症を根絶させた経緯」というニュースが掲載された。これは中国の歴史上、頑固な病気の予防事業が大きな進展をみせたことを示している。毛沢東は「读六月三十日人民日报、余江県消灭血吸虫。浮想联翩、夜不能寐。微风拂煦、旭日临窗。遥望南天、欣然命笔（六月三十日の人民日報を読み、余江県の住血吸虫根絶の知らせ。さまざまな思いが胸に浮かび、夜も寝られず。そよ風あたたかく吹き、朝日が窓に近づく。はるか南の空を眺め、欣然として筆を執る）」として、「七律二首・送瘟神（疫病を送る）」と題した旧体詩を二首書いて、この新中国の医療史上における空前の偉業をたたえた。その中の「春风杨柳万千条、六亿神州尽舜尧（春の風は千万条の柳を揺らし、六億の神州の民はみな堯・舜のような聖人である）」という有名な句は、しばらく語り伝えられるところとなった。

そのほかもう一つ、李徳全が指導した衛生部の協力的精神と事業効率を反映した典型的な事例といえば、一九六〇年に六一名の農業労働者が食中毒になった際の緊急措置である。その年の春節を迎えたばかりの頃、山西省平陸県の道路修理の作業者に集団食中毒が発生、生命の危機に瀕し、特殊な薬が大量に必要とされた。当時、県や省などにはどこにも適切な薬を備えておらず、北京にこの状況を報告せざるを得なくなった。こうして二月三日、李徳全は救援を求める電話を受けたのち、深夜にもかかわらず会議を招集し、衛生部と薬剤部門を緊急動員し、また民用航空局および人民解放軍空軍など必要各部門に連絡した。そして、ある特効薬を持つ北京の薬局に命じて速やかに薬を準備させ、空軍に軍用ヘリコプターを要請して薬を至急現地へ運び、空中から投下して労働者たちの命を救った。この出来事はのちに「为了六十一个阶级兄弟（六一人の階級の兄弟のために）」と名づけられ、新聞や雑誌によって報道されただけでなく、ドキュメンタリー番組も撮影されるほどであった。この出来事の全過程には、政府幹部たちと民衆との間の誠意や飾り気のない感情があふれており、人々の胸を打ったのだ。李徳全ら政府の指導的幹部が体現した

「急民众之所急、想民众之所想、与民众同呼吸共命运（民衆の危機に急いで対応し、民衆の必要とすることを思い、民衆と共に呼吸し運命を共にする）」という態度は、この時代の中国政府官僚の業務態度にも反映され、その精神は中国のその後何代もの人々に影響を与えた。

李徳全が衛生部長を担当した期間、中国政府の機関はすでに「機関党組」の指導の下で首長責任制を実施していた。「機関党組」とは、中央の各機関の中で指導的党員によって構成された核心グループであり、党中央からの指示の主旨に拠りつつ、党外幹部とも団結し、機関を指導して活動を展開していくものである。李徳全は、一九五八年一二月に中国共産党への入党を申請して受け入れられるまでは、衛生部の党外の指導的幹部に属していたが、党組との協力は釣り合いのとれた意志疎通が十分なものであり、業務も順調であった。衛生部の指導者の回想によると、「彼女は当時、実質的に職務に携わる部長であって、地位はあるが権利はないような名ばかりの部長ではなく、党と権力争いをするような特殊な人物でもなかった。彼女はとても党組を尊重しており、党組も彼女を尊重していた。彼女は他と違う意見でも果敢に述べた。自分に対して厳しい人で、職権を乱用することはなく、質素で困難によく耐えた。彼女は非常に得難い指導者である。」（葉暁楠『李徳全发起改造〝龙须沟〟（李徳全は「龍鬚溝」の改造に取り組んだ）』『人民日報』（海外版）二〇一一年五月一一日）

2. 紅十字会を立て直す

李徳全は衛生部長を務めたほか、新中国の中央機関と民衆団体の多くの指導的職務を兼任した。たとえば、一九四九年三月、第一回全国婦女代表会議に出席し、全国の婦女連合会の副主席に選ばれた。また一九四九年九月には、中国人民政治協商会議に参加し、政協全国常務委員に選ばれた。さらに、中ソ友好協会総会の副会長、国務院文化教育委員会委員、中華全国体育運動委員会副主席、中国人民保衛児童全国委員会副主席、中国世界和平理事会理事長、中華医学会主席、全国総工会準備委員会副主席、全国政協副主席などの職務を歴任した。こうした兼任の職務のうち、衛生指導業務と関係が最も深く、国内外での影響も比較的大きかったのは、中国紅十字総会会長の職であった。

現在誰もが認めるとおり、中国紅十字会は一九〇四年日露戦争の期間に始まり、その前身は慈善家の沈敦和（一八五五―一九二〇）が一九〇四年三月一〇日に設立を提唱し、中国東北地区に救護班を派遣した「万国紅十字会上海支会」である。清朝政府が任命した初代会長は呂海寰（一八四二―一九二七）。清朝政府は駐英国使節をスイスに向かわせ、一九〇四年六月二九日、一八六四年の「ジュネーブ条約」に署名して調印国となった。一九〇七年、清朝政府が「万国紅十字会上海支会」を「大清紅十字会」と改めたのち、一九一二年に中華民国が成立するとまた「中国紅十字会」と改め、赤十字国際委員会に加盟国として正式に承認された。一九一九年には赤十字社連盟（現在の国際赤十字・赤新月社連盟）に加入し、一九三三年「中華民国紅十字会」と改称した。一九四九年に中華人民共和国設立により、「中華民国紅十字会」の組織と職員は台湾へ移り、各地の紅十字組織は次々に解体した。もとの紅十字会総会秘書長であった胡蘭生（一八九〇―一九六二）らの人々は、一九五〇年北京の新中国政府に組織を接収管理するように求めたが、新中国政府は接収管理の方式はとらず、旧「中国紅十字会」を新「中国紅十字総会」に改組した形をとり、総会の拠点を北京へ移すこととした。一九五〇年八月二日、中国紅十字総会協商改組会議（すなわち新中国紅十字会第一回代表大会）が開催された。会議は、新しい理事会の成立を決定し、正式な名称を「中国紅十字総会」とし、この組織が「中央人民政府指導下の人民衛生救護団体」であることを確認した。会議は李徳全を中国紅十字総会の初代会長に選出し、紅十字総会の規約を変更したが、これらの決議はのちに中央人民政府の承認を得た。

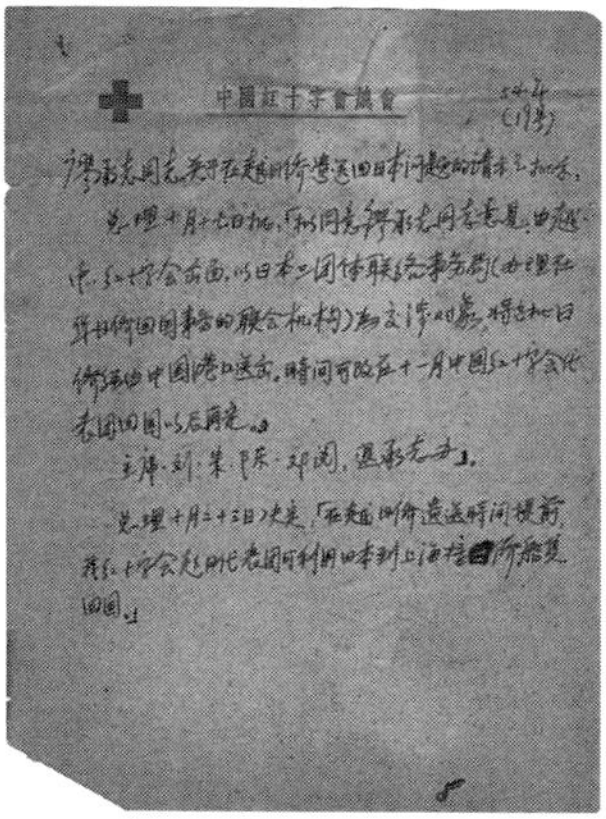
中國紅十字會總會

中国紅十字総会の書類

中国紅十字総会の成立後、赤十字国際委員会が依然として上海の中国紅十字会を承認していたことから、中国政府は同委員会に対して、中国紅十字総会とその代表の職についてはあらためて議題に上げて欲しいと要求し、一九五〇年一〇月李徳全会長は代表団を率いて第二一赤十字社連盟理事会（現、国際赤十字・赤新月社連盟総会）に出席した。一九五二年六月、中国がカナダで行われる第一八回赤十字国際会議（現、赤十字・赤新月社国際会議）に出席の準備をしているとき、同会議が台湾の紅十字会を招待していることが判明した。そのため、一九五二年六月二八日に李徳全はカナダ赤十字社を通じて、赤十字国際委員会に対し、中華人民共和国中央人民政府と中国紅十字総会の代表のみが中国と中国紅十字会の代表として赤十字国際会議に出席する資格があると伝えた。七月一〇日、赤十字国際委員会からの返電があり、中国紅十字総会が「選挙権のある正式なメンバーとして会議に招待される中国の唯一の赤十字会」であることを認めると同時に、台湾については「実際に赤十字活動をしているため、オブザーバーとして大会に列席するよう招待されるものである」と述べた。このため中国政府は、もし台湾当局が赤十字会の名義をもって会議に出席するのであり、「中華民国」の名義でないのであれば、遺憾の意を示すが許容するという考えを示し、初めて台湾海峡両岸の国際組織における関係性を示す一つのモデルを提示した。

ところが李徳全を代表とする中国紅十字総会代表団がトロントに到着したのち、大会常設委員会が台湾当局の代表と中国政府の代表に「平等」な地位を与えることを決定したことを受け、代表団は書面で抗議した。その後二日にわたる会議では、ソ連などの代表が次々と発言して中国代表の動議を支持し、すぐさま台湾代表を追放するように求めた。討議を重ねた結果、赤十字国際委員会は再び中華人民共和国政府と中国紅十字総会を、中国を代表する唯一の全国的政府および赤十字組織であることを認め、台湾代表は大会から退かなければならなくなった。このときから、中国紅十字総会は国際赤十字の正式なメンバーとなり、各種の重要な活動に参加し始め、友好協力関係を積極的に構築し、国際赤十字運動の発展に貢献した。

新中国が成立した当初の中国紅十字総会は、人道的な救援・救助の中心的機関として、主要な業務に次のようなものがあった。一つは朝鮮難民の救援に全力を尽くし、朝鮮戦争で傷ついた傷病者を治療する業務であり、もう一つは抗日戦争終結後、中国に残された日本人と戦争捕虜をなるべく早い時期に無事帰国させることであった。

一九五〇年六月二五日、朝鮮戦争が勃発し、一〇月八日には中国人民志願軍が朝鮮半島の戦場へ赴いた。一九五一年一月二二日、中国紅十字総会は『为组织救助朝鲜难民医疗队给各地分会的通知（朝鮮難民救助医療隊を組織するため各地分解へ宛てた通知）』を発表し、各地の分会に対し「慰労品救済品募集運動」に積極的に参加するよう求め、同時に「朝鮮難民救助医療隊の組織を、本年度二、三月期の中心的任務に加える」とした。この呼びかけが発せられると、すぐさまに各地の民衆、とりわけ医療従事者から賛同の声が上がり、みな先を争って物品を寄付したり、医療隊への参加を名乗り出たりした。二月二六日から、中国紅十字総会は、北京で集中的に改編された各地の医療隊隊員に対して短期の追加講習を行った。その内容は政治的な学習と業務上の学習との双方を含み、業務上の講習は防疫と救護を中心とし、戦傷救急に重点が置かれた。この講習の終了後、総会は二二四人を選出し、二つの国際医療防疫服務大隊を編成した。第一大隊は、一般医療と防疫作業を担当し、第二大隊は専門的な手術を担当した。三月一〇日午後、中国政府は北京飯店において、朝鮮支援に向かう中国紅十字総会国際医療防疫服務隊のために盛大な壮行会を執り行った。一七日には医療防疫服務隊が大量の薬品と医療機器を携えて出発、一九日に朝鮮へ到着し、すぐに救助活動に入った。そのほか、朝鮮戦争で一日も早く勝利を勝ち取るために、中国紅十字総会はまた一九五一年六月一二日に各地の分会に通達し、「救護機」を寄付する活動を展開するよう呼びかけた。これは飛行機や大砲を寄付し、中国人民志願軍を支援するものであった。各地の民衆は次々と大量の金銭、アクセサリー、銀貨などを寄付し、豫劇の常香玉劇団が独自に戦闘機を購入し寄付するということさえあった。

一九五二年、李徳全は中国紅十字総会を代表し、全国各界の人士で組織された「アメリカ帝国主義細菌戦争犯罪調査団」と各国の要人で組織された「国際科学委員会」を率いて、三月二〇日に朝鮮へ赴き、アメリカ軍の「細菌戦」を用いた犯罪行為について実地調査を行った。調査団は、大量の事実によってアメリカ政府が細菌兵器を用いて中国・朝鮮の軍人を殺戮したという犯罪行為を明らかにした。

朝鮮戦争休戦協定が締結されてから間もなく、李徳全と中国紅十字総会は、中国に残された日本人と戦争捕虜の帰国を助ける業務へ戻り、最後には円満な結果を迎えた。

早くも一九五〇年一〇月、李徳全はモナコで開かれた第二一回赤十字社連盟理事会（現、国際赤十字・赤新月社連盟総会）に出席した際、中国政府指導者の指示により、日本赤十字社社長島津忠承（一九〇三―一九九〇）と接触し、中国側は在華日本人の帰国について日本に協力するという考えを表した。一九五一年三月、赤十字国際委員会主席が北京を訪れた際、この問題について中国政府と協議した。一九五二年に開かれた第一八回赤十字国際会議では、第二次世界大戦の未帰還者の問題が決議された。この決議によって、日本は正式に中国紅十字総会に対して在華日本人の帰国と調査について協力を求めることとなった。戦争によって日中間に残されたこの問題を合理的に解決するため、双方が交渉を重ねた結果、一九五二年七月、中国政府は中国に残された日本人の帰国支援計画を承認し、中国紅十字総会などの関連部門によって組織された中央日僑委員会が成立した。九月には、また「中共中央关于处理在华日侨问题的决定（中国共産党中央による在中国日本人居留民問題の処理に関する決定）」や「政务院关于处理日侨问题的规定（政務院による日本人居留民問題の処理に関する規定）」などの文書を発表した。一九五二年一二月一日、中国政府は「中国在住日本人居留民に関する各問題について中国人民政府関係部門が新華社記者に答える」という形で公式声明を出し、中国政府は法律を順守している日本人居留民を保護し、帰国を望んでいる日本人の帰国を援助するという一貫した立場を発表して、日本の対応する機構が中国を訪れて中国紅十字総会と具体的にこの事案について協議することを歓迎する旨を発表した。

中国の善意は日本の民衆や団体に大きな反響をおこし、日本政府も「積極的措置を講じて日本人を帰国させる」との考えを示した。多方面にわたる連絡を通して、中国紅十字総会は、日本赤十字社・日本平和連絡会・日中友好協会の三団体を北京に招き、中国紅十字総会と問題解決のための具体的な方法について協議することを決定した。一九五三年一月、日本政府は、中国を訪問して日本人居留民の帰国事項について協議をはじめることをこれら三団体に託した。これは第二次世界大戦後、日本人が初めて日本政府発行の公用パスポートで中国を訪れたもので、日中外交の門を開いたのであった。のちに双方の合意を経て、一九五三年三月から一〇月の間に、中国紅十字総会は七回にわたって日本人居留民の帰国に協力し、その人数は二六、〇二六人に達した。一九五八年七月までに、二一回にわたり約三万五千人の日本人居留民が帰国した。彼らが帰国するたびに、中国紅十字総会は歓送会を開いて記念品を贈り、まるで自分の同僚が新しい職場へ異動する時のように熱心で周到であった。廖承志らはみずから港まで見送りに行った。多くの日本人は目に涙をため、名残を惜しんでいた。(王俊彦『開国外交』、時事出版社、一九九九年版、第四四七頁)。

引き揚げ船を待つ日本人居留民たち

李徳全が指導した中国紅十字総会は、中国政府の計らいによってこのように積極的かつ情熱的に業務にあたり、戦争によって中国に残された人びとの帰国という難題を解決していった。中国政府と人民の友好に感謝するため、日本赤十字社は李徳全と中国紅十字総会代表団を日本に招待することを幾度にもわたって要請した。この招待が実現するまでに二〇か月ほどの紆余曲折があったが、李徳全一行は最終的に日本を訪問し、日本政府および民間の人びとと広く接し、日中関係正常化を推進したのである。まさに李徳全がのちに『中国紅十字総会代表団、日本訪問報告』の中で述べている通りである。「今回の訪問を通して、日中間の文化交流や経済往来を強化することは、まさに日中人民の共通の願いであり、目下実際に必要としていることであると感じました。日本の経済界、文化界および社会世論全体が日中往来を強化し、特に貿易関係を発展させることを望んでいます。日本の友人たちは中国紅十字総会代表団のこの度の訪問を、今後両国の往来を強化する良好なはじまりとなることを望んでいます。」

3．終生、公益に身を捧げる

李徳全が、新中国の衛生や社会事業の創始者の中でも代表的な女性となったことは偶然ではない。彼女は若いころから公益活動に熱心に取り組んでおり、終生、福祉や教育、慈善事業などに身を投じた彼女の人生の、ひとつの昇華の形であり、新しい社会が彼女の長期にわたるたゆまぬ努力と業績を認めたことを示している。

李徳全の社会公益事業との関わりは、一九二一年、北京キリスト教女子青年会の学生部幹事を務めたことに始まっている。華北協和女子大学に入学したときの取り決めで、彼女は大学卒業後、母校・貝満中学で二年間にわたって数学と西洋史を教えたが、その後の新しい仕事であった。キリスト教女子青年会は、キリスト教の精神に基づいて、女性を団結させ、女性のために奉仕する組織であった。この会は、一八八五年イギリスに起源をもち、一八九四年には各国のキリスト教女子青年会がロンドンで合議し、世界キリスト教女子青年会として成立した。中国では、一八九〇年に杭州で最初にキリスト教女子青年会が創られ、北京キリスト教女子青年会が発足したのは一九一六年であった。一九二三年には全国にすでに一二の分会と八〇余りの校内会ができており、その連合体として中華キリスト教女子青年会全国協会が上海で生れた。その主旨は、「キリストの精神にもとづき、女性の徳育・智育・体育・群育という四つの発展を促進し、高尚で健全な人格と団結精神をもたせ、社会に服務し、人びとに幸福をもたらす」というものであった。この女性団体は各階層の女性を対象としており、経費は主に理事会のメンバーやその他のルートからの寄付でまかなわれていた。専門職員である「幹事」の三分の一以上は女性キリスト教徒であり、雇用された者の大部分は、まだ当時まれだった女子大の卒業生であった。彼女たちは、当時の女性の中で文化水準と社会活動能力が抜群に高かった。李徳全はこの会の幹事に任命されたが、それは彼女が大学在学中および中学で教鞭をとっていた期間中、成績優秀で性格も明るく、社会に積極的に献身することですでに知られていたからである。彼女は当時、北京華威銀行支配人のキリスト教徒宋発祥（一九八三—?）から目をかけられており、しかも宋夫人の陳恩典は当時まさに北京キリスト教女子青年会の会長であった。宋発祥は、同じくキリスト教を信仰する北京駐在将校・馮玉祥の友人でもあり、のちに彼の紹介で李徳全と馮玉祥は結婚することになったのだった。

李徳全は、北京キリスト教女子青年会にいた期間、主に会員組織の連絡業務を担当していた。一九二二年、彼女は東北の女学生に招待され、女学生サマーキャンプの総幹事を担当した。これは当時、直系軍閥と奉系軍閥による混戦状態の危険に向かっていくことを意味していたが、彼女は汽車に乗り奉天（今の瀋陽）に向かい、サマーキャンプに参加した。北京から天津に向かう列車に乗り込んだとき、全車両で自分一人しか女性がおらず、他はみな兵隊と男性であることに気づいた。しかし李徳全は全く恐れず、混乱した人々の中でいつも通り落ち着いていた。天津に到着し、今度は山海関へ向かう汽車の切符を買うとき、また人が多すぎて列車が足りず、各駅の乗客一〇人当たり一枚しか切符がないことを知らされた。李徳全はこの状況の下で、大胆にも駅長室へ赴き自分の事情を説明し、外国の駅長助手も彼女のために説得してくれて、ついに切符を手にしたのである。夕方山海関に到着したときには、戦乱で全く旅館に泊まることができる状態ではなかったが、幸いなことに彼女はそこで年配の女性キリスト教信者に出会い、彼女の家で一夜を過ごすことができた。翌日早朝に再び汽車に乗って北上し、昼には予定時間通り奉天に到着した。李徳全があまたの障害を乗り越え、約束どおり到着したのを見て、同僚たちはみな驚いたが、彼女はさわやかな笑顔で「引き受けたのだから、私は来るわよ！」と言った。

一九二四年初め、李徳全は二年前に妻を亡くした馮玉祥将軍と結婚し、馮将軍一家に従って南へ北へと戦場をめぐり、命の危険にも遭遇した。馮玉祥と蔣介石およびその他の軍閥との関係は近づいたり離れたりで、このため彼女もかつて経験したことのない困窮と流浪の苦しみを味わった。しかし、馮将軍と一緒にしばらく一箇所にとどまると、李徳全は青年時代から熱心にかかわってきた社会公益事業を忘れることはなく、その土地土地にあわせて、教育、保育、衛生関係の施設を作っていった。一九二五年、李徳全は夫と相談し、北平に小学校と幼稚園を附設した求知中学を創設し、貧しい家の子どもに無料で教育を受けさせた。一九三〇年、馮玉祥の軍隊が蒋介石によって分裂させられたり、抱き込みや買収されたりしたのち、李徳全は夫とともに山西省のとある山村で生活したが、その時に自ら小学校を運営し、近隣の貧しい農民の子どもを七〇人あまり受け入れて学ばせ、二人の教師を招いて教鞭をとらせた。また、李徳全は学校の管理だけでなく、自ら学生たちに授業をした。一九三三年五月、馮玉祥が蒋介石の圧力の下、チャハル民衆抗日同盟軍総司令の職を辞したあと、また一家は再び山東省泰山で二年余り隠れ住んだ。この間、一家の生活はとてもつつましかったが、李徳全は馮玉祥に従い、現地の農民と同じように農作業をするほか、読書をし、勉強を続けていた。この当時、彼女は結婚したときのアクセサリーなど財産をすべて売って換金し、次々と寄付をして泰山のふもとに一五か所の小学校を作った。住んでいた場所の近くに創設した「大衆小学校」では、農村の貧しい子どもたちを入学させ、小学生が働きながら学校に通えるよう手工場も建設した。

一九三五年一一月、馮玉祥は時の国民政府軍事委員会の副委員長となったため、家族を連れて首都南京へ移り、李徳全の社会活動の範囲は更に広くなった。特に知識層の女性との交際が増え、彼女の旺盛な活力と、女性を立ち上がらせ組織する力は、ますます発展した。李徳全は、中国の女性の「围着锅台转（炉端を離れない）」ような、愚かな伝統に不満を持っており、講演で現地の女性たちに家の外に出て社会へ踏み出すよう繰り返し勧め、また先頭に立って「首都女子学術研究会」を立ち上げ、文化学術活動を通じて多くの女性を後押しして団結させ、抗日救国運動に参加させた。研究会が行った活動には、学術講座、女性問題研究、社会調査などがあった。一九三六年の末に、李徳全は著名な女性活動家を集め、「中国婦女愛国同盟会」を結成した。彼女自身はこの会の準備委員に選出された。この組織が行った最も影響の大きな活動は、財産物資の寄付を募り、抗日戦争支援をすることだった。一九三六年一一月二〇日から一二月二四日の間、五十もの義援隊三〇〇人あまりが出動し、集めた金額は一三〇〇元あまり、また義援金を集めるためのチャリティーバザーを開き、参加者はのべ一〇万人にも上った。集まった義援金は材料の購入に充てられ、綿のシャツや、「收复失地、为国雪耻（失地を回復し国のために雪辱を果たす）」の文字が印刷されたタオルを五〇〇〇本作り、前線に送った。一九三七年初頭、中国婦女愛国同盟会は義援金一万六千元、皮製コート一五〇〇着、その他の慰問品を集めた。抗日戦争が全国的に広がってからは、李徳全は宋慶齢が組織した中国婦女慰労自衛抗戦将士総会にも参加し、執行委員を務め、自ら女性慰問隊を率いて作業服姿で駅まで行き、傷ついた兵士をねぎらい救護を行った。兵士のために傷口に包帯を巻いたり、食事を作ったり、または家族への手紙を書く手助けをしたり、慰問品を配ったりなどした。時は一九三七年八月、中国共産党駐南京代表の周恩来（一八九八―一九七六）とその夫人鄧頴超（一九〇四―一九九二）がわざわざ馮玉祥・李徳全夫妻のもとを訪問し、李徳全の情熱、着実さ、そして有能で何事にもこなれた様子について深い印象を受けていた。これが、李徳全と中国共産党との、特に女性指導者との接触と友誼の始まりであった。

一九三七年一二月一三日、南京が日本軍に占領されたのち、李徳全と馮玉祥は国民政府に従い武漢に退いた。武漢は一時的に中国の政治の中心となった。当時、武漢の鄧頴超は、街角の多くの子供たちが帰る家がなく寒さに凍え飢えに苦しんでいる様子を見て、戦争で苦しむ子供たちを救うための組織を設立するという考えを持つようになり、社会公益活動の経験豊富な李徳全に協力を依頼した。一九三八年はじめ、鄧頴超と李徳全らは、武漢キリスト教女子青年会で中国戦時児童保育会準備会を立ち上げ、李徳全ら九人が準備委員に選出された。その後、鄧頴超はまた李徳全に提案し、蔣介石夫人の宋美齢（一八九七―二〇〇三）を訪ねさせ、戦時児童保育会成立大会に出席してほしいこと、そして保育会を宋美齢が会長を務める中国婦女慰労自衛将士総会の直属機構としてほしい旨を伝えさせた。宋美齢はこれに同意した。「ファーストレディ」が現れたことで、国民政府の社会部は速やかに戦時児童保育会を合法組織として承認した。この会の成立大会では、宋美齢が理事長に選ばれ、李徳全は副理事長に、鄧頴超は常務理事となった。これは第二次国共合作開始後、最も早く生まれた抗日民族統一戦線の団体であった。

李徳全と鄧頴超。重慶にて撮影
前列左に李徳全、左二番目に鄧頴超

李徳全は、戦時児童保育会が直接児童保育の事業を指導するこの会の経済委員会主任として、八年の抗戦期間中目覚ましい業績をあげ、広く称賛を得ており、全国の慈善事業界・女性界における有名人となった。彼女は一方で、各地に戦時児童保育分会の設立を推進し、組織を拡大し民衆を動かした。また一方では、八方手を尽くして資金と物資を集めた。彼女は生活の苦しい児童五一一名のための生活費を率先して寄付したが、それを受けて宋美齢と蒋介石夫婦も各々二〇〇人分の児童の生活費を寄付し、その他著名な女性たちもこれに続いて続々と寄付を行った。当時、困窮した子どもたちを救う方法には次のようなものがあった。戦時児童保育会が何回かに分けて各戦地に人員を派遣して子どもを救い、安全にこれらの子どもを武漢まで集中的に送り届け、まず漢口第一臨時保育院に収容し、その後何度かに分けて後方各地の保育院に移す。一九三八年五月、武漢の臨時保育院には大勢の子どもたちが集められ、急いで四川に送る必要があった。李徳全は自分の家が敵機の爆撃に遭う危険をも顧みず、人々の力を結集してみなと共に子どもたちを連れて武漢を撤退し、湖北の宜昌、四川の万県・巫山などの地を経由して、最終的に子どもたちを重慶まで送り届けた。武漢が日本軍に占領される前に、漢口臨時保育院から合計二八回、合わせて約一万五千人の子どもたちを送り出した。一九三八年一〇月、戦時児童保育総会は漢口を撤退し、湖南・貴州を経て一一月に重慶に着いた。重慶曽家岩の求精中学（現在の重慶第六中学）に総会事務機構を設立し、一九四六年六月まで活動を続けた。

抗日戦争の八年間、戦時児童保育会は相次いで全国各地に二〇あまりの分会と三五か所の児童保育院を設立し、収容・保育した子どもの数は累計約一三万人であった。この子どもたちは、戦火を避けることができ命も守られ、保育院でそれぞれに合った文化教育を受けたので、敵味方や善悪の区別もできるようになり、民族の自由を勝ち取る勇気をはぐくみ、また一定の知識や技能

李徳全と戦時児童保育会のメンバーたち。
二列目の右から四番目が李徳全

も習得した。保育院は、「抗战到底、争取最后胜利（徹底抗戦、最後に勝利を勝ちとる）」というこの一〇文字にしたがって、戦災児童をおのおのの年齢と文化レベルに合わせて一〇の小隊に分け、それぞれに教育を行った。一般的な知識を教えるほか、当時の新聞・雑誌に印刷されていた文章を補助教材としながら、戦災児童の社会認識能力の向上をはかり、彼らの進取と愛国精神を呼び起こした。まさに周恩来がのちに称賛したように「李徳全女史は難民児童の救済と保育事業において大きな貢献をなした」。李徳全の社会に対する情熱と業務上の能力は、中国共産党と国民全体に忘れがたい印象を残し、彼女は全国的に知られることとなる。新中国成立後、衛生と慈善事業の指導者に任じられたことは、まさに業績にみあった名誉であったと言える。

二．馮玉祥、李徳全夫妻を結ぶもの

1．二人の結婚

北京キリスト教女子青年会で仕事をしていた時と比べ、その後の李徳全の、教育・保育・慈善など社会公益事業における功績はより際立っており、現代中国女性界において極めて優れた人物となり、国内外の注目を集めた。彼女は馮玉祥の「勢い」を借り、夫の「威光」の恩恵にあずかったと言う人もいた。これらにまったく根拠がないとは言えないが、かといって完全に事実と符合しているわけでもなく、李徳全に対して十分に妥当な評価であるとはいえない。

確かに、中華民国期の各地の軍閥と比べれば、馮玉祥の生涯は平民色が強く、独特なものであり、またとび抜けているとも言える。彼は貧しい家庭に生まれ、一介の兵士から始まり、清朝期から民国期にかけての数十年間、自らの勇猛さと勤勉さを頼みとして一歩一歩高級将校へと上りつめた。しかし、常に質朴さを忘れず刻苦勉励し、本来の姿を少しでも失うことはなかった。だからこそ、最初の妻が病死したのち、あらゆる権勢が先を争って、家柄の釣り合う裕福な家庭の女性との縁談を持ちかけたが、馮玉祥はことごとく断り、最終的に李徳全を生涯の伴侶として選ぶことができたのである。馮玉祥は李徳全が貧しい家の出であることを重視しており、彼女が苦労によく耐え、果敢で有能でもあり、当時の女性によくあった傲慢や甘えが全くない点をとても気に入っていた。また、馮玉祥の理解と支えがあったからこそ、結婚後の李徳全は、家事や子どもたちの教育以外にも、絶えず中国の社会問題に関心を寄せ続け、各種の社会公益事業に関わることができたのであり、また多くの業績をあげることも出来たのである。馮玉祥の最初の妻である劉徳貞もまた平民家庭の出身であり、気立ても良く勤勉であったが、生前はやはり夫を助け、子を産み育てることが主であり、「内助の功」に徹していた。李徳全は確かに劉徳貞よりも大胆に、家庭という狭い世界から抜け出し、当時多くの女性があこがれた「地位ある人の妻」としての優雅な生活に甘んじることはなかった。彼女は、「良妻賢母」や物質的豊かさには興味がなく、積極的に家の外に出て、夫と志を同じくして平民の利益のために奔走した。馮玉祥と李徳全は、当時の中国でまれに見る、心から理解しあえた夫婦であった。

馮玉祥のはじめの妻が亡くなったあと、彼は北京で陸軍検閲使をしていたが、縁談をもってきた者の中に、地位も権力も備えた陸軍の大元帥、直隷派軍閥の曹錕（一八六二―一八三八）がいた。彼はじきじきに愛娘との縁談を申し込んだ。しかし馮玉祥は権勢あるものに取り入って出世しようなどとは考えておらず、結婚相手を選ぶための三条件を伝えることで遠まわしに断った。その条件とは、一つ目に絹織物は着てはならず、綿布の衣服のみを身に着けること。二つ目に、糸を紡ぎ、布を織ること。三つ目に、前妻の子どもたちを心を込めて育てること。まとまらなかったこの縁談は、軍隊の中で美談として伝わった。同じ頃、李徳全の父方のいとこである李淑誠の夫、唐悦良（一八八〇―？）はキリスト教を通じて馮玉祥と知り合いであったが、ある時、馮玉祥の前で李徳全の話を切り出し、知り合う気持ちがあるかどうかを伺っていた。実は一九二三年、京衛軍第一団団長を任されていた馮玉祥は、北京キリスト教女子青年会の集会に参加した際に、李徳全の演説を聞いたことがあった。とても生き生きとしていて面白く、魅力にあふれた彼女の演説、とりわけ実直で天真爛漫な彼女の気質は、馮玉祥に深い印象を残していた。それもあって、唐悦良が彼女の話をもちかけたとき、馮玉祥はすぐ、唐悦良夫婦に仲人として縁談を進めるよう頼んだ。李淑誠が李徳全に会って馮玉祥の話をしたとき、李淑誠は「姉さん、あなたに軍人さんを紹介したいのだけれども、怖くない？」と尋ねた。李徳全は「軍人だからって八面六臂だというわけでもないのに、何を怖がるっていうの？」と言ってのけたという。李徳全自身も、馮玉祥の長年にわたる軍人生活や救国救民におけるあまたの功績について伝え聞いていた。特に、馮玉祥の結婚相手を選ぶための三条件について聞いたときには深く敬服し、この人とならお互い気があうかもしれないと感じたという。続いて、馮玉祥と李徳全がそれぞれ親しくしているキリスト教徒で、北京華威銀行支配人の宋発祥が媒酌人となり、一九二四年一月三一日、婚姻について馮玉祥と具体的な相談をした。宋発祥は馮玉祥に李徳全の家柄、人柄、性格、知識などについて詳しく紹介した。こうして馮玉祥は李徳全のことを深く理解し、この結婚に同意した。二月九日、馮玉祥は多くの親友たちに付き添われ、北京の東城にある史家胡同の宋発祥の自宅に到着した。同じく親友たちに付き添われた李徳全と顔を合わせ、二人は婚約を交わした。その後も彼らは宋発祥の家で何度も会い、具体的に婚礼の計画や結婚後の家のことを相談していった。李徳全は、馮玉祥の前妻が残した五人の子どもたちを育てることも喜んで引き受けた。二月一九日午後、李徳全は馮玉祥の部下の迎えを受けて、北京南苑の新居に向かい、二人は中国の伝統的な慣習にのっとって婚礼を行った。のちにまたキリスト教の儀式にしたがい、北京のアズベリー教会（Asbury Church）においても式を挙げ、牧師の劉芳が証人となった。この二回の挙式は心のこもった慎ましいもので、当時ぜいたくな気風があった北京の街中で美談として伝えられた。

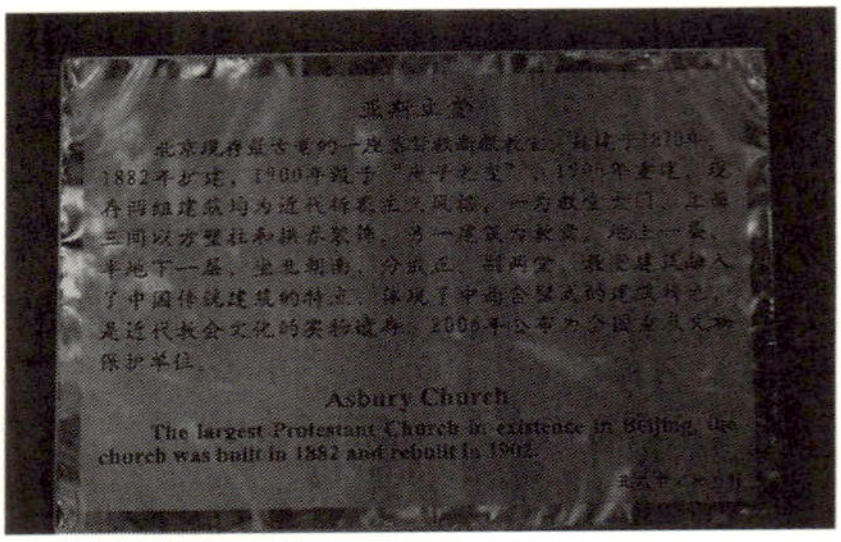

李徳全と馮玉祥が挙式した北京のアズベリー教会

李徳全と馮玉祥は、結婚したのちも夫婦仲睦まじく、愛情も日増しに深まった。李徳全は、自分が色黒で、服装にも凝らないので、それほど美しくもないと思っていた。そこで彼女はある時夫に尋ねた。「あなたはどうして私を気に入ったの?」馮玉祥は即座に答えて言った。「あなたが実直で天真爛漫だから」。そして今度は馮玉祥が李徳全に、なぜ自分と結婚したのかを尋ねた。李徳全は笑ってこう答えた。「あなたが悪いことをしないよう見張るため、神が私を遣わせたのです」。

結婚後、李徳全は馮玉祥の前妻が残した五人の子どもたちをかわいがり、実の母親と同じように丁寧に育てる姿は「良母」の美称に恥じないものであった。また夫の軍隊管理についても協力した。各地を転々とし、兵士たちの生活にも色々と気を配っていた。時には士官たちの家族に家庭教育について講義し、徳・美・体・智の四育を提唱した。また部隊とその家族のことを気にかけ、生老病死や教育などについても心を寄せた。たとえば、結婚後、李徳全は馮玉祥軍の高級指導者たちに算術と代数を教えた。時には、李徳全はまた馮玉祥に代わって軍政事務に携わり、手際よく処理した。このようなエピソードがある。

一九二四年一〇月、当時直隷派軍閥に属していた馮玉祥は、敵方の張作霖、段祺瑞らと図って「北京政変」を企て、北方に進軍した直隷派勢力を撃ち破り、清朝最後の皇帝・溥儀を故宮から追放した。そして、新政府を作るため孫文(一八六六―一九二五)の北上を要請した。一二月末、病すでに重篤であった孫文が天津から北京に着いたが、当時、馮玉祥の政治的立場は苦しいものだったので、李徳全が夫に代わり北京で孫文を出迎えた。これは時の段祺瑞政府の怒りを買い、李徳全は家に戻ることができなくなり、母校の貝満中学初等部の裏にある教員宿舎に避難した。のちに、李徳全は母校に教室用の家具を寄贈し、校長に対し危機を救ってくれたことへの感謝を表した。孫文は病床から馮と李に六〇〇〇冊の『三民主義』、一〇〇〇冊の『建国大綱』と『建国方略』を送った。馮玉祥はこれらの本を部隊へ送り、兵士たちに読むよう命じた。李徳全もまた、指導団の中でこれら孫文の著作について講義を行い、兵士たちからも人気であった。

李徳全と結婚した後の馮玉祥の政治的・軍事的道のりはとても険しいものであった。彼は、国民革命軍の北伐に協力するために、ソ連から軍事顧問を招き、軍隊を指導、訓練した。その後、彼に反発する軍閥から孤立し辞職に追い込まれ、一九二六年春、ソ連へ視察に向かった。そののちも、新中国成立を前に、馮玉祥と蒋介石との間の矛盾は激化し、今度はアメリカに渡って危険を避けなければならなくなった。放浪の身となった二度の外国経験の中で、李徳全は終始夫に寄り添い、馮玉祥とその苦悩と危険を分け合った。また親子が離れ離れになる苦しみにも耐えた。同時に夫婦それぞれの政治的視野を広げ、社会的能力を磨いていった。

一九二六年三月、馮・李夫妻はソ連に向かう前、二歳の子どもが長距離の移動に耐えられないことを案じ、人に預けることに決めた。出発から二か月後、モスクワに到着したときにはすでに疲れ切っていたが、ソ連の各地域で歓迎を受けたことは、二人にとって大きな励みとなった。ソ連各地での視察は彼らの視野を広げた。彼らは革命によって社会がめざましく一新し、人々を幸せにしていくさまや、民衆が熱気にあふれている様子を目の当たりにした。この期間、李徳全はマルクス主義理論の著作に触れ、自らのキリスト教信仰の良し悪しについて考え始めた。神は苦しむ人々の心を慰めることができる。しかし革命運動が人びとを苦境から開放するような、実際的な措置や効果がキリスト教には欠けている。ソ連のように、圧政に苦しむ民衆の運命を変革する革命闘争への道を模索すべきだと感じた。李徳全は一九二六年八月に馮玉祥が帰国したのちも、三人の子どもと一緒にソ連に残った。このころ、彼女はモスクワ中山大学の中国人留学生たちと知り合った。また、レーニン夫人やレーニンの妹とも会い、レーニンの妹は『レーニン全集』全二六巻と拳銃二丁を彼女に送り、たゆまず学習と闘争を続けていくよう励ました。

馮玉祥と李徳全、ソビエトにて

抗日戦争が終結し、南京に帰った李徳全と馮玉祥は、蒋介石の集権統治に深く抑圧を感じ、苦悩の末、しばらく国を離れることに決めた。蒋介石も馮玉祥が国内にいると自分にとって面倒だと考え、馮玉祥に「水利特使」の肩書を与えてアメリカに水利の視察に向かうよう命じた。馮玉祥は一九四六年九月にアメリカに行くことを決めたが、ちょうど同年一〇月一三日から二二日にかけて、アメリカ大統領夫人とアメリカ女性団体が共同で、国際女性会議をニューヨークで開催することになっていた。出席するはずだった鄧穎超は国民党政府の妨害によって参加できなくなったため、李徳全に自分の代わりに国際女性会議で発言するように頼んだ。周恩来と鄧穎超は馮・李夫妻を訪ねた際、アメリカに連れて行けない子どもが南京で危害を加えられることのないよう、重慶に移した方がよいとも提案した。李徳全は夫についてアメリカへ渡ったのち、周囲が止めるのも聞かず、サンフランシスコからニューヨークに行き、国際女性会議に参加した。会議では、彼女は「鄧頴超の代理である」と明言し、一〇月二二日の国際女性フォーラムで演説し、当時の中国女性の悲惨な境遇について語り、国民党政府による女性の権益に対する軽視と内戦の残酷さを批判し、国民党政府への援助を停止し中国から撤退するようアメリカに呼びかけた。これと同時に、彼女は大会に対しても「世界各国の女性が協力して、民主と平和を勝ちとるために奮闘しよう」「アメリカが蒋介石を援助し内戦を発動させることに反対する」という二つの提案を示した。李徳全の会期中の発言や行動は、中国女性の素朴さと剛毅さを兼ね備えており、中国女性からの独裁暴政反対の声を世界に届けた。そして、各国の女性代表から広く同情と高い評価を受け、中国の女性と世界各国との橋渡しの道を切り開いた。

2. 妻として、母として、教育者として

李徳全が馮玉祥に嫁いだのは二八歳、馮玉祥はすでに四二歳で、二人の年齢差は一四歳あった。李徳全は高官の家柄に生れたわけではなく、上げ膳据え膳の生活とは縁がなかった。馮玉祥もまた同様に平民の出身であり、のちに高い地位を得て大軍を手にするが、「奥さま」然とした傲慢で贅沢な態度を好まなかったので、貧しい家の出の李徳全をとても気に入っており、また尊敬さえ

していた。そして彼女には家族の多いこの家を切り盛りするという重責を担う能力があると信じていた。

結婚してからも夫婦は仲睦まじく、愛情は日に日に深くなり、また関係は平等で、お互い賓客に接するように尊敬し合っていた。李徳全は馮玉祥の生活の伴侶であり、また彼の家庭上の助手でもあり、ある部分は彼の先生でもあった。つまり、賢い妻であり、良い母でもあり、そして師も兼ねていたのである。馮玉祥の家を治め子どもをよくしつけたばかりでなく、李徳全は従軍家族の教育にも尽力し、馮玉祥と部下とのいさかいも調停した。必要なときには夫を励まし、苦難を共にした。長い時間の中で、彼らは助け会い励まし合い、以心伝心の仲であった。馮玉祥の粘り強さ、特に後半生の日進月歩は、李徳全による補佐と彼女の深い影響によるものだと言われるが、いささかも誇張ではない。

李徳全は馮玉祥の妻になったことで、穏やかで平凡な生活とは無縁となった。李徳全は家事を得意としており、馮玉祥の衣食住や健康管理を本分のうちと考えていた。とりわけ馮玉祥は当時軍閥の将軍の中でも一、二の風雲児であり、輝かしい功績を残したこともあれば、挫折や苦難、また窮地に陥ったこともあった。順調なときも困難なときも、李徳全は常に彼に寄り添った。たとえば一九二九年、国民党の北伐が終了したのち、馮玉祥は蒋介石と公式に決裂し、部下のうちには彼に背く者も現れ、馮玉祥は精神的に大きなダメージを受けた。あらゆることに対して消極的になり、下野することにもなった。このとき、山西派軍閥の閻錫山（一八八三―一九六〇）は馮玉祥を味方にして共に蒋介石に反旗を翻そうと考え、馮玉祥を太原まで招いて出国の計画を協議したことがあった。はからずも馮玉祥は先に太原に到着し、閻錫山が自分を騙そうとしていたことに気づいたため、ある山村で自らを軟禁状態に置き、絶食して抗議を表明した。李徳全は、このとき子どもたちを連れて到着したのち、馮玉祥に食事をすすめた。閻錫山は二度と馮と会うことはなく、李徳全は娘たちとともに夫に付き添い、軟禁の地で半年余りを過ごした。馮玉祥はこの間、心中落ち着かず、情緒不安定で、時に怒ったり悲しみにくれたり、時に天を仰いで深くため息をつくのだった。李徳全は、長い目で見ればこのような一時のことで挫折し気を落とす必要はないと、夫を慰め、夫婦二人で一緒に出口のほとんど見えないようなこの時期を過ごした。のちに、閻錫山はついに一家の軟禁を解き、彼らを太原に行かせたが、数度にわたる交渉ののち、李徳全を太原に拘禁して人質とすることによって、馮玉祥を陝西省に戻したのだった。一九三〇年に蒋介石、馮玉祥、閻錫山の三つの軍閥は大きな戦いを始め、李徳全母娘はようやく馮玉祥のもとへ帰ることができた。

馮玉祥は勇ましく豪快で、時に感情に走ることもあった。李徳全のことを大切にし、また尊敬していたが、一九四〇年代になって、夫婦関係をこわすような不倫事件があったようだ。事はある女性が馮玉祥の家庭に関与したことに起因し、それが馮玉祥の心移りを招いた。李徳全は腹を立て離婚を切り出した。しかし馮玉祥のほうは、当時よくあることだった一夫多妻の概念を受け入れないことを不満に思っており、さらに三女が思い悩んで自殺したこともあってますます悩み煩うようになり、ある時、川へ飛び込んで自殺しようとした。その後、出家し僧侶となることを誓って、一九四二年五月重慶付近の縉雲山の寺院へ赴いた。親しい友人たちが間にたち説得や仲裁をしたことで、李徳全は馮玉祥の愛人を他の地へ移転させ、感情のもつれはひと段落した。それに続いて四川省灌県での夏季宿営で講義を依頼され、馮玉祥はようやく下山して妻と和解した。（簡又文『馮玉祥伝』、台北文学伝記出版社、一九八二年、三六六頁）

李徳全は馮玉祥の家に入ってすぐに、前妻の子どもたち二男三女の母親となった。そののち自らも二男三女を産み育てた。この大家族の中で、年齢のさまざまな子どもたちを育てることは、主に李徳全の差配に任された。以下、馮玉祥の子どもたちである。

長男・馮洪国、前妻劉徳貞との子。日本とソ連へ留学したことがあり、抗日戦争期は団長として戦い、のちに中国共産党党員となった。

二男・馮洪志、前妻劉徳貞との子。ドイツに留学し、機械を学んだ。

三男・馮洪達、李徳全との子。ソ連に留学して海軍を学び、新中国成立後に中国人民解放軍の海軍軍官となった。

長女馮弗能、前妻劉徳貞との子。ソ連、イギリス、ドイツに留学し、紡績を学んだ。

次女馮弗伐、前妻劉徳貞と子で。ソ連・ドイツに留学し、信陽軍に勤務したことがある。

三女馮弗矜、前妻劉徳貞との子。重慶で自死。

四女馮弗恴、別名・馮理達、李徳全との子。ソ連に留学し、医学を学んだ。新中国成立後は、中国人民解放軍海軍総医院の院長を務めた。

五女馮頴達、李徳全との子。ソ連に留学。

六女馮暁達、李徳全との子。馮玉祥とともに黒海で船の火災に遭い死亡。

馮玉祥・李徳全一家の写真

李徳全と馮玉祥との間には、さらに最年少の息子・馮小光がいたが、一歳で行方不明となった。

李徳全は馮家の母親として、前妻の子も自分の子もわけ隔てなく世話をし、一人ひとりが一人前になるまで育て上げた。彼女が人生で最も重視し、また子どもたちにも求めたことは、彼らが志と能力を兼ね備えた人間になることであった。馮玉祥と李徳全は可能な限り子どもたちに勉強させた。新婚まもなく、李徳全はまず馮玉祥の前妻の二人の娘を保定思羅医院範真女子中学へ行かせた。一九二六年一家はソ連へ行き、馮玉祥は先に帰国したが、李徳全は数人の子どもとともにモスクワに残り、長男の馮洪国、長女の馮弗能にはモスクワの中山大学で学ばせた。また、次女の馮弗伐はソ連の工場で働かせた。それから、李徳全は子どもたちに男女の区別なく、自分の能力を頼りに自立していくことを求めた。彼らがアメリカへ行ったとき、末っ子の馮洪達は夏休みのたびに両親の元に戻ったが、李徳全は必ず彼に営林場で伐採を学ばせるか、牧場で乳搾りを学ばせた。彼ら夫婦は子どもに平民意識を植えつけ、先祖の清貧の苦しみを忘れず、辛さに耐える良い習慣を身につけさせ、贅沢や浪費を許さなかった。李徳全はかつて夫に、ドイツ留学中の子どもへの手紙を書いてもらい、彼らによく働きよく倹約することを言い聞かせた。「おぼっちゃま、おじょうちゃまは役に立たない、社会の寄生虫である。おぼっちゃま、おじょうちゃまになるような考えを排除してこそ、能力を身につけることができる。」彼らには、洗濯、料理、耕作、木工、編み物、運転などを学ばせた。李徳全は自分の生んだ三男の馮洪達に対してはとりわけ厳しかった。泰山に住んでいたころ、彼女は馮洪達に体を鍛えに出かけさせ、帰ってくると汗をかいているかどうか体を触って確かめ、もし汗をかいていなければもう一度鍛えに行かせるという具合であった。（麦群忠「風雨与共、教子有方的馮玉祥李徳全夫婦」『名人写真』二〇一三年第九期）

馮玉祥は剛毅な性格で、勇敢で戦に強く、正義感に富み、大胆に行動したので、清末から民国初期の大動乱の時代において、軍閥部隊の中でも昇進に昇進を重ね、ついに有名な将軍となった。しかし年を重ねるに従い、自分が軍人出身で、幼いころ家庭が貧しく系統だった教育を十分に受けていないため、社会の内情についてよく理解ができず、民族の将来も見通すことができないと感じるようになり、文化や理論を身につける必要性を感じていた。このため馮玉祥は軍営の中でもつねに読書や習字、詩文を書くことを続け、キリスト教の中から文化的教養を身につけたいと強く望んだ。また比較的高い職位に昇進してからは、文化人を長期的に雇い入れ、軍営において教員兼参謀の役を担わせ、定期的に自分や部下の軍官たちに講義や講演を行うようにし、軍全体の視野を広げさせ、知的素養を高めるよう努めた。馮玉祥が前妻の病死ののち、李徳全を妻に選んだ際、性格や出身などの条件以外にも、学があり物事の道理を理解している女子大学生という身分をかなり重視していたことも想像に難くない。このため結婚後、馮玉祥は常に李徳全が軍官に対する教育活動や兵士たちへの啓蒙活動を行うよう支援し、自らも妻と一緒に、系統的に理論書を読み、さまざまな社会問題や現実の問題について議論した。とりわけ挫折や困難に遭い、馮玉祥が精神的苦悩に陥った際にはいつも李徳全が明晰な頭脳と簡潔な理論、そして長期的な視野によって夫を導き、明るさを取り戻させるのであった。たとえば一九二五年、一家がソ連へ赴いた際、李徳全は夫に従って各地を視察したばかりでなく、マルクス・レーニン主義の著作を読み、階級闘争と社会発展の規律についての学説に触れ、ソ連革命と国家建設における実際の得失について思考した。まさにこの頃から李徳全は、腐敗した社会を改造し、民衆の生活を改善しなければならないと意識し始めた。宗教や神に頼るだけではだめで、個人の奮闘に頼るだけでもだめであり、先進的な思想によって武装した政党と群衆に依拠することによってはじめて、真の意味で有効な大変革を起こすことができ、民衆に幸福をもたらすことができるのだと考えるようになった。

李徳全と馮玉祥との間には、理論的な認識の深さや社会を見る目の正しさに差異があった。一九二七年の春、馮玉祥が先にソ連から帰国し、反共政変を企てていた蒋介石と改めて手を組むことを独自に決定したと伝え聞いた時、李徳全と子どもたちは驚愕し恐れおののいた。この政治的判断の誤りを挽回するため、李徳全は自分の弟を派遣し、中国を訪問中のソビエト顧問を護衛し帰国させることによって、ソ連に対する善意を表した。また馮玉祥は一九三〇年蒋、馮、閻による中原大戦に敗れたのち、李徳全の援助のもと失敗から教訓を導き出し、社会主義に関する書籍を系統的に学び始めた。汾陽軍官学校から三名の教員を呼んで、彼らに社会主義、社会発展史、政治経済学の理論を教授させた。ほどなく学者の李達（一八九〇―一九六六）も馮玉祥の軍営に招かれ、弁証法的唯物主義を講義し、陳豹隠（一八八六―一九六〇）は政治闘争理論を教えるために招かれた。日中、李徳全は夫とともに講義を聞き、夜は二人で社会主義理論について討論し研究した。のちに馮玉祥は専門研究室を設立して学習を深めていき、その思想傾向は次第にマルクス主義と中国共産党へと移っていった。

3．純朴な心を持ち続ける

李徳全は一八九六年清朝直隷省順天府通州（現在の北京市通州区）草房村の貧しい農家に生まれた。彼女の父親はホロンバイル草原のモンゴル遊牧民だったが、家畜の群れが災害にあったため牧場主から命を追われる身となった。万里の長城以北まで逃げ、それから苦役労働者の集団について各地を転々としながら北京の東方にある通州まで流れ着き、埠頭の荷役作業に従事した。その後、飢饉を逃れて来た家の娘と結婚し、その地で農業を営んで暮らすようになった。少数民族であるがゆえの差別を回避するために、彼は漢族に多い姓である「李」と改めた。

李徳全には姉が一人いたが夭折したため、彼女が長女の役目を果たした。幼い頃から妹一人と弟六人の面倒をみて、母親を手伝って火をおこしご飯を炊き、少し大きくなると父の野良仕事を手伝った。春には男の子のように鋤を引いて畑を耕し、夏には草むしりをして鍬で地面をならし、秋には作物を収穫し穀物を貯蔵した。両親の苦労は絶えることがなく、一家の生活は厳しいものであった。李徳全は五歳の時、一家の命をつなぐため「童養媳（幼い男子の嫁）」として他家に売られ、二年間両親と離ればなれの苦しみを味わった。その後、キリスト教信者仲間の助けを得、彼女は買い戻されることになった。彼女はこの経験から「屈辱」を知り、身をもって「自強」の意義を体得したのである。（孫自凱「中華人民共和国はじめての女性部長—馮玉祥将軍の夫人李徳全を記す」『人物春秋』一九九五年第五期）

両親は李徳全が毅然として利口な子だと考えていた。さらに当時の一般的な女の子と異なり、キリスト教徒では小さい頃から纏足をさせる習慣がなく、一般の農民よりも勉強が出来ることは金の節約にもなり、李徳全もまた勉強をしたがっていたので、彼女が八歳の年に教会から資金を援助してもらい、通州にある私立の裕福な小学校に入学させた。小学校に通いながらも、李徳全は家事や野良仕事を疎かにすることはなかった。彼女は毎朝早起きをして自分で食事を作ってから学校に行った。両親がどちらも畑仕事で忙しかったために、家にいた弟や妹たちが学校まで彼女を訪ねて来たこともあった。彼女は仕方なく弟や妹を連れて家に帰り、それからまた学校に戻って授業を受けた。昼時には学校から戻ってきても、食卓のそばに座っていることは殆どなく、いつも簡素な食事を持って畑まで行き作物の様子を見回った。授業が終わって家に帰ってからは、また家族全員の食事を作る母親の手伝いをし、食器を洗って鍋を磨き、家事が全部終わってから、ようやく自分の部屋に戻ってランプに火を灯し、授業の復習をするのであった。辛さを耐え忍び、寸分も疎かにせず努力した結果、李徳全は小学校の間ずっと優秀な成績を維持し続けた。一九一一年、教会が創設した貝満女子中学に合格し、北京市内の学校で勉強を続けることができるようになったのである。

貝満女子中学は、キリスト教会が北京で最も早く運営を始めた女子学校の一つで、当時の文明教育の気風を先取りしていた。しかし、教師や生徒の大多数がキリスト教徒である中で、裕福な家庭の子供が多く、李徳全のように貧しい農家の出は非常に少なかった。この学校は人々から「貴族学校」と見られていたが、学校の風紀は良く、学生に対しても厳格だった。骨身を惜しまず学問に励むことが奨励され、裕福な家のお嬢さま気分で傲慢になったり贅沢をしたりすることは堅く禁止され、いわゆる「社交界」のような生活には反対していた。李徳全の家庭環境は同級生たちと比べるべくもないが、彼女は勉学に心血を注ぎ、教師とも交流を深め、校長や教員らの評価と信頼を得た学生であった。ある時、校長が間違いを犯した女子学生を退学にしようと考え、李徳全に意見を求めた。すると彼女は校長に、「学校が学生を教育する目的は何ですか？　もし学校が彼女を退学処分にすれば、彼女は自分の名誉が地に堕ちたと考え、これからもっと堕落してしまうのではないでしょうか」と言った。李徳全がこの学生に更生の機会を与え、自ら悔い改める道を歩ませるべきだと主張したところ、校長は李徳全の意見に同意した。この女子学生は勉強を続けられることになり、その後無事に卒業した。（劉巨才『李徳全の物語——世紀とともに歩む』河

北少年児童出版社一九九五年版、第四頁)

一九一五年、一九歳になった李徳全は貝満女子中学を卒業し、同じくキリスト教系の華北協和女子大学に進学した。中国の大学は一九二〇年以降にようやく女子学生の受け入れを始めたばかりで、当時李徳全のように大学で勉強したいと希望し、実際にそうすることのできる女性は少なく、まさに「夢のまた夢」であった。また、彼女の大学の学費は教会による資金貸与で賄われたため、大学卒業後は何年間か学費の返済を行い、また母校である貝満女子中学で教壇に立つよう定められていた。このため、李徳全は在学中ほとんど働きながら学校に通っており、勉強をしながらアルバイトをしてお金を稼いで学費を払ったり、生活費に回したりしていた。彼女の庶民的な生活習慣は、時に大学の「お金持ちのお嬢さま」たちの嘲笑の的にされた。当時、北京の多くの人々は、皮が緑色で中身が赤い「心里美」という大根を果物として食べていた。他の人々が緑色の皮を捨てて中の赤い部分だけを食べている時、李徳全はいつも余った皮を食べたがった。この「田舎者」が大根の皮すら捨てるのを惜しみ、むしろそれを美味しそうに食べているのを、ある女子学生が不思議に思っていると、李徳全は「大根って本来辛いものなんだから、皮の辛い部分を食べなきゃ」と答えた。この出来事がきっかけで、李徳全は「不怕辣(辛いもの好き)」というあだ名をつけられた。李徳全は勉学に励み、成績も抜きん出ていた。また、課外活動にも熱心で、大学在学中には学生会の会長に推薦され、多くの宗教団体の女子学生代表も兼任していた。彼女は、か弱い「お金持ちのお嬢さま」とは違って、庶民と貧しい人の立場に立ち、社会の公平と正義を守ろうとする強い意思を持っていた。それに加えて、彼女には知性があり弁舌さわやかで、演説のときにはいつも庶民の共感を得ていた。

李徳全は馮玉祥と結婚してからも、「奥様」のように見栄を張ることはなく、生活の享受というものを知らず、終生純朴で実直な態度を貫いた。一九二七年の春、馮玉祥が国民党の北伐軍と協力して河南を占領し、河南省主席に任命された。ある人が鄭州で李徳全に出会った時、彼女は馮玉祥の権勢を笠に着て特別列車に乗ることも無く、自ら三等席の切符を買い、小さな布の袋を手に提げてドアのそばに立ち、泰然自若とし、人々の注目を集めることはなかった。当時、汽車は少なく乗客は多く、車内は異様に混み合っていて、はなから座れる場所などなかった。ある人が彼女を郵便車両の中に案内すると、彼女はトランクの上に腰掛けた。一般人のように振る舞うそ

華北協和女子大学

の姿は感動的ですらあった。

夫の馮玉祥は李徳全の素朴で庶民らしい態度をとても気に入っていたが、時に二人の間にこのことを巡って摩擦が起こることもあった。一九三二年、彼らの友人が泰山を見物した折、そこに住む馮玉祥のもとを訪れた。馮玉祥は布の服に布の靴というとても質素な身なりをしていて、まるで死に装束のようだった。この友人が聞いたところによると、李徳全には上海に友人がおり、ある時人に頼んで馮玉祥に繻子の服を一着送ったという。その服は大変華やかで美しく、李徳全は大変喜んだ。彼女はこの服を馮玉祥に見せて、「煥章（馮玉祥の字）、この服素敵じゃない？」と尋ねた。馮玉祥は横目でちらりと見た後、表情を変えずに淡々と「そうだな」と答えた。少し経ってから、馮玉祥はわざわざ副官に「妻は今日用事があるから、食事の時に呼ばなくても構わない」といった。副官も、当然それに従った。以前、食事の時には馮玉祥夫妻は皆と食卓を共にしていた。だがこの日、馮玉祥は席に着くや否や、李徳全が食堂に入ってくるのを待たずに、食事を開始した。半分ほど食べ終わった頃、李徳全が怒った様子で副官の方にやって来て、「食事の時、なぜ私を呼ばなかったの？」と問いただした。副官は「司令官が、奥様は用があるから一緒に食事をなさらないと聞いたもので」と答えた。李徳全はすぐに馮玉祥の方に顔を向けて、「私が用があるから一緒に食事をしないと言ったんですって？」と尋ねた。馮玉祥は笑いながら、「お前は洋服の生地を見てお腹いっぱいになっただろう、これ以上何を食べるって言うんだ」と言った。李徳全は怒りが収まらず、「そんな馬鹿な話がありますか」と言って、怒って出て行ってしまった。その場にいた人達はどうして良いか分からず戸惑っていたが、馮玉祥は落ち着いたままの様子で、皆

馮玉祥将軍

にそのまま食事を続けるよう促したので、皆も何も言わずに黙って食事を続けた。馮玉祥はこうすることで、夫人の善意を揶揄し、質素さを重んじる自身の心がけを忘れないように釘を刺したのである。（李任夫「馮玉祥先生二三事」『河北文史資料選輯』第八輯、一九八二年）

新中国誕生後、李徳全は中国政府の初代衛生部長をはじめとする高い職位に就いたものの、終始庶民的な態度を変えることはなかった。衛生部長を務めていた頃、彼女は常に一般民衆の衛生状況と健康水準に注意を払っていた。とりわけ、衛生事業の重点を農村に置き、中国でかつて猛威を振るっていた天然痘、コレラ、ハンセン病、ペスト、性病などの感染症を防ぐために全力を注いだ。わずか三年の内に、中国の母子死亡率が大幅に減少し、全体の死亡率は三五％から一七％に下がり、それに呼応して男女の平均寿命は伸びた。長らく中国人に着せられていた「東亜病夫（東アジアの病人〉」という汚名は、ここに雪がれることになったのである。

また、国家規定により李徳全には公用車が与えられることになったが、この公用車はいつも車庫の中であった。緊急の公務の際を除いて、彼女がこれに乗ることはなかったし、子供達も恩恵に与ってこの公用車を使うようなことはなかった。彼女はいつも職場の食堂で食事をし、出張の際にも一般幹部と共に普通席を利用し、地方視察に行く時にも普通の宿泊所を利用した。彼女は毎日徒歩で通勤していたが、これは体を鍛え、また社会に触れ、民の心を理解するためであった。当時、北京市西城区の「后海」のほとりにある衛生部に続く小道では、五〇歳過ぎにもかかわらず、確かな足取りで歩く李徳全の姿を見ることができた。彼女は冬でもコートも帽子もマフラーすらも身に纏わず、グレーの綿入れやズボンを身につけており、夏にはいつも灰色の制服を身につけ、布靴を履いていた。李徳全は知り合いに出会うと親しげにあいさつをし、いつも道ばたの通行人や近所の人たちの生活を気にかけていた。そのような李徳全を、人々は「平民部長」という名で呼んでいた。偉ぶったり威張ったりすることが全くなく、どこにでもいる「北京のおばちゃん」のようであった。

中国の血縁宗族の伝統は極めて長く、歴代王朝では子が親を継ぐこととされ、皇位の世襲は至極当然のように考えられていた。このため中国の民間では古来、これに逆らう強烈な反血統・反権威といった意識や概念が形成されてきた。これは、草の根出身の庶民階層が、権力者の言いなりになることを良しとせず、いつか時期が来たらその地位を取って代わってやろうと常に考えているようなものである。また権力者の威を借りて偉くなった妻や、親のおかげでいい目にあっているお嬢さんお坊ちゃんをさげすみ、憎みさえした。秦朝末期に謀反を起こした陳勝（?—BC二〇八年）は、「王侯将相いずくんぞ種有らんや」と叫び、楚の武将・項羽（BC二三二年—BC二〇二年）は、秦の始皇帝の行列を見て「彼可取而代之（あいつに取って代わってやる）」と生意気な口を聞いた。同じように、現代の中国人が毛沢東を尊敬する主な理由も、彼が辺鄙な貧しい農村の出身であり、自ら進んで底辺層の民衆の幸福を企図したためである。中国人は、人はみな天地をひっくり返すような壮大な志を持つべきだと考えており、力のない人々を心からの同情をもっていたわり、弱い者いじめは思いやりのない獣のような行為だと思っている。そして、憐れみの情を持つことや、貧困者・弱者を助けることはごく当たり前の道理だと考えている。このため、新中国であれ旧中国であれ、李徳全のように平民出身で、かつ平民として本来の姿を持ち続けることのできる高級官吏は、金持ちの女性と比べて、はるかに社会的名誉を得、人々に認められ、尊敬されるようになる。これが、李徳全が現代中国の女性たちの中でも、抜きん出て功成り名を遂げた重要な社会的心理基盤なのである。

三．馮玉祥、李徳全とキリスト教

1．李徳全のキリスト教信仰

李徳全と馮玉祥が知り合い結婚するまで、共通のキリスト教信仰が重要な媒介の一つとなっていた。二人はキリスト教の活動により知り合い、共通のキリスト教の友人が婚姻の仲人となって、キリスト教式の結婚式を挙げた。結婚後も長期にわたり、キリスト教界と連絡を続けていた。その後、二人のどちらかが先にキリスト教会とその信仰から離脱し、中国共産党の政治的立場に近づいても、キリスト教が現代中国社会の変革過程の中に残した足跡は消すことが出来ない。馮玉祥・李徳全夫妻のキリスト教信仰の歴史は、中国社会と政治の中でキリスト教が果たした深遠な役割とその影響を反映している。

李徳全のキリスト教信仰には家の影響があった。清朝末期、カトリックとキリスト教は中国で前例のないほど普及した。各地の礼拝堂と信徒の数は急増し、地元の民衆と教会が衝突する「教案（教会と民衆の衝突による事件）」も日に日に増えていった。一九〇〇年頃起きた義和団の「扶清洋滅運動」もその一つである。北京地区では、李徳全の故郷である通州には宣教師、礼拝堂、信徒の数とも比較的多かった。彼女の父親がその土地に逃れて以来キリスト教に帰依したのは、そういった環境もあっただろうが、新しい土地で馴染みがなく助けを必要としていたが周りに知人がいなかったことも大きく関係しているだろう。教会は孤独な人の心と物質的な要求を満足させてくれた。李徳全が八歳の時、北京が八カ国連合軍に攻め込まれ、古い歴史を持つ都で殺傷や誘拐、掠奪が行われた。それが土地の教会の発展を促した。戦争のため社会が混乱する中で、貧しい庶民が頼るものはなく、神のご加護を切に求めるようになり、キリスト教信者が急速に増加した。李徳全は生後三ヶ月のとき両親に抱かれて教会で洗礼を受け、小さなキリスト教徒となった。ありていに言えば、李徳全は幼少時代の成長において教会の恩恵をよく受けていた。例えば、彼女は小さい頃から纏足をしなくてもよく、その健康的な足によって、家庭から出て、広い社会に触れることができた。その他にも教会の援助を受けて、教会が運営する初等、中等、高等教育学校で学ぶ機会を得、自分の素質や潜在能力を十分に発揮させることができた。それよって李徳全は生涯において、一般の中国の農村女性より高いスタートラインに立ち、広い社会に向かって進むことができたのである。まず中学校の教師となり、その後、北京キリスト教女子青年会の幹事に任命された。教育、慈善、社会福祉などの公共事業を行うための必要条件をキリスト教が身につけさせてくれたのだ。

先に述べたように、李徳全と馮玉祥が結婚したのもキリスト教の縁であった。「神の命を受けた」李徳全が馮玉祥の身辺にやって来たのち、キリスト教は長い間、夫婦共通の精神的支柱であり、馮玉祥の軍隊管理の中心的思想でもあり、対外交流の仲立ちにもなった。馮玉祥の信者仲間である劉芳の追憶によれば、一九一五年「孫文先生が突然広州から手紙を寄こし、その中に馮玉祥への伝言があった。華北で決起し、共に袁世凱を打ち負かそうという内容であった。これは私を非常に驚かせた。孫文先生の秘書長・徐謙（季龍）はキリスト教徒で、以前から私と知り合いであり、私と馮将軍の関係を知っていたため、彼が孫文先生に提案したのだろう。当時馮玉祥は陸建章の白朗討伐について河南省に行き、洛陽で陸軍第十六混成旅団の旅団長に昇進していた。孫文先生が送ってきた手紙は大きな封筒で、上に『広州・孫中山より』と記されており、すこぶる目を引くものだった。私は手紙を見て、不安におののき、心休まらなかった。なぜなら、当時袁世凱は、袁世凱反対活動を行う者に対し、一律恐ろしい鎮圧手段をとっており、私はこの手紙がやっかいを引き起こすのではないかと恐れていた。幸いなことに、この手紙は日本の郵便局を経由して送られていたことを後に知った。もし直接中国の郵便局から送られていたら、当局の検閲を受け、私にも危険が及んだだろう。私はこの手紙を身辺に置いておくことを適当でないと思っており、思い切って信者仲間にこの手紙を託し、何とか馮玉祥将軍へ渡してもらった。彼は孫文に言われるまでもない、機会があれば、自ら決起し袁世凱を征伐すると言った。これからも分かるように、馮玉祥将軍は大義を深く理解している。」（劉芳：《馮玉祥〝基督教将軍〟称号的由来》、《文史月刊》二〇〇二年第三期）

一九二五年、孫文が北京で病重篤の時、馮玉祥は自ら見舞いに行ける状況になかったため、二月二七日妻の李徳全に自身の直筆の手紙を持たせ、汪精衛夫人である陳壁君と一緒に孫文を見舞いに行かせた。その時、孫文が毎日回復を祈るためと、一冊の『聖書』を持って行かせた。孫文は涙ながらに、イエスが言われた言葉「後のものが先になり、先のものが後になる」を口にしたという。「私は幼い頃からキリスト教徒であり、馮玉祥将軍は中年になって信仰に入った。しかし彼の信仰生活は私よりも先を行っている」。孫文は馮玉祥と李徳全を、辛苦をともにし、信仰をともにする同胞だと考えていた。

李徳全が若い頃キリスト教を信仰した最大の動機は、宗教が喧伝する慈善活動や人を愛する精神が人としての基本的な価値観だと信じたからであり、中国儒家の「吾が老を老として、以て人の老に及ぼし、吾が幼を幼として、以て人の幼に及ぼす」(『孟子・梁恵王』)のように相手の立場に立って考えるという教えとあい通じるものである。これも彼女が終生身を捧げた社会公益事業の原動力となっている。確固とした信念に加え、朗らかな性格をもった李徳全は、大学生の時すでに際立つ弁舌の才能を身につけた。そしてその後数十年にわたる布教活動と公開講演の中で、よく響き親しみを感じさせる彼女の言葉は聴衆の心を打ち、どこでも歓迎された。李徳全がキリスト教を通じて行う社会的、政治的宣伝の効果は国内外で有名になった。それ以降、キリスト教女子青年会における経験と人脈を用いて、さまざまな宣伝、組織活動で成果をおさめた。日本の新聞報道によれば、李徳全は一九三二年二月二〇日に南京から太原に戻った後、女子抗日救国義勇軍の総司令官に任命された。以前キリスト教女子青年会幹事としての経験や基礎があったため、その活動は成功を収めた（「女子抗日軍を指揮する馮夫人」『読売新聞』一九三二年二月二一日）。他の研究では、一九三六年初め、李徳全は馮玉祥について南京に移居した後、南京婦女文化促進会の活動に身を投じた。彼女はこの組織内部の政治的矛盾を取り除くことに全力を尽くし、とりわけ「首都女子学術研究会」の名でキリスト教社会改革運動を普及させ、広く支持を集めた。この組織とその活動に関連する政治グループが連帯し、その中には相当数のキリスト教徒がいたという（勝田映子「李徳全と一九三〇年代キリスト教女性運動」、『中国女性史研究』（三）一九九一年七月）。

しかし、李徳全は若い頃キリスト教神学教育を受ける中で、外国の教会と宣教師の言行と『聖書』の思想や戒律は、必ずしも一致するわけでなく、矛盾する現象が確かに存在することに気づいた。自らが女性のキリスト教徒として、ひたすら耐え忍ぶことによって憐れみを求めたり、譲歩することによって和解を求めたりするばかりではならず、主体的、積極的な抗争も、人類の公平と種族の共存に欠かすことの出来ない、唯一の道である。中国の国力が他国に劣り、民衆が愚昧であることは疑いようのない事実であるが、自分の立場や身分をわきまえ事を丸く収めるよう、あまりに広く宣伝することは、国家と民衆を絶望の底に突き落とすことになる。それゆえ、一九一八年第一次世界大戦終了後、華北協和女子大学で学んでいた李徳全は、外国人がパリで「中国は二毛五分（二角五分）の価値も無い」など中国を侮辱する言葉を放ったと聞くや、彼女と同級生たちは憤った。李徳全は同級生数名を集め、率先して大きな字で標語を書いた「中国は二毛五分の価値も無いならば、中国全土には四億五千万人いるから、一人の価値は〇・〇〇〇〇〇

○○○○五だ！」。それをアメリカ人校長のテーブルの上に広げ、中国の一般庶民を代表して抗議を示した。このようにおごらず、おじけず、たゆまず、積極的な心理状態をもつことによって、彼女は現代中国の早期において社会に出、自立し自信に満ちた女性の代表となった。

夫に付いてモンゴル経由でソ連へ向かい視察を行っている間に、李徳全のキリスト教信仰に動揺が生じ、彼女の思想にいくつかの変化が生まれた。当時ソ連は革命の雰囲気濃厚な国家であり、男女が平等に仕事と生活をしていた。長期にわたり戦乱の中にある中国とは、国家建設の速度は比べようもなかった。無神論のイデオロギーを持つ共産党政権に対し、彼女は新たな見方をもち始めた。このような新しい制度と新しい生活は、彼女に「天国とは何か」を改めて考えさせた。天国への憧れは、自身の身を清く保ち、人に善行を勧めるような口先だけの宣伝教育にとどまってはならず、確固とした制度改革と社会変革を伴ってこそのものである。さもなければ宗教信仰は空想に帰してしまう。ソ連から帰国してのち、李徳全は以前と同様にキリスト教を深く信仰する友人らと議論をしたが、以前は少なかった論争が起こるようになった。ある信者仲間は彼女にあてて「ソ連から戻り、信仰に移ろいが見られる」という公開状を発表した。一九二七年からは「李徳全は馮玉祥を赤化（共産主義化）した」と言われるようにもなった。

ともにキリスト教を信仰していた蔣介石と馮玉祥との政治的決裂において、李徳全がどれほどの影響を与えたのか、現在の私たちが推測することは難しい。しかし、同じキリスト教であっても、宗派や教義の違いによる争いが常にあり、同じ宗派の中でも、ある社会現象や社会的矛盾に対して異なる立場や見解があることを、李徳全も知っていただろう。例えば、当時の日中戦争において、中華民族が生死存亡の瀬戸際におかれていた時、各宗教のほとんどは、悪事を働かず殺生をしないという教義信条を守り、あくまでも自衛に重きを置き、外敵の侵入を防ぐのに口頭で非難したり抗議したりするのみで、実際に国家や民族を滅亡から救うことはできない。それよりも中国共産党などの抗日勢力による鉄血制裁の方が人びとを奮い立たせ、真に中華民族の尊厳と生命を守ることになるのだ。そのため、当時中国のキリスト教徒が共産党に接近し、参加することも少なくなく、一九二七年以降、李徳全の弟と妹婿が相次いで中国共産党に加入した。李徳全は当時、彼らの身分の変化を知らなかったかもしれないが、彼らと接する中で、その政治的観点の影響を多かれ少なかれ受けたことだろう。馮玉祥と李徳全が泰山で隠遁生活を送っている頃、共産党員である文化人を招いて講義をしてもらったことがある。そこで弁証唯物主義と社会主義理論を学んだことで、彼らの世界観と信仰は大きく揺らぐことになり、戦争が勃発してからは、キリスト教の活動に参加することも少なくなった。

一九四二年、李徳全は馮玉祥についてしばらく重慶に住んでいた期間、第二次国共合作の機会を利用し、中共が重慶駐在所へ派遣した周恩来、鄧穎超などとの来往が頻繁になった。日増しに交友は深まり、互いに腹をわって話せるほど親しくなった。一時期、馮玉祥と李徳全は延安に身を寄せ、共産党に追随して革命に身を投じる考えが強まった。そして何度か周恩来、鄧穎超へ要請を出した。実際、中国共産党の戦いが国内外で知られるようになり、名声が高まるにつれ、馮玉祥と同じような旧軍人や国民党、その他民主党派の人びとが、同じような要求を出すようになった。その中には、張学良（一九〇一―二〇〇一）のような、キリスト教徒も含まれていた。しかし、延安の中国共産党中央委員会は、このような申請を簡単には承認せず、むしろ彼らが共産党外に留まり続けるよう説得した。当時は重要人物の入党には、コミンテルン（共産主義インターナショナル）の意見を求めなければならず、中国共産党が断りなく承認することはできなかった。さらに、中国共産党中央委員会は利害得失を考量し、これらの人びとが党外に留まれば、各階層との連携が広がり、団結が生まれ、全国で中国共産党の影響を拡大することができると考えた。そのため李徳全は中国共産党加入の請求を何度も出したが、一九五八年末、六二歳になってようやく共産党員になることを許されたのである。

2.「クリスチャン・ジェネラル」馮玉祥

馮玉祥は李徳全より後になってキリスト教を信仰した。彼は李徳全のように幼い頃に教会の洗礼を受けたわけでなく、中年を過ぎ、軍の団長級になってから、自ら進んでキリスト教に帰依したのである。馮玉祥は独特の個性をもち、軍功も多くあったのでその名は高く、「平民将軍」、「布衣将軍」、「民主将軍」、「裏切り将軍」など多くの呼び名をもつが、最も有名で本人も認めるのは「クリスチャン・ジェネラル（基督将軍）」である。

馮玉祥やキリスト教信者たちの追憶によれば、一九〇〇年に義和団運動が始まり、河北省の保定でカトリック教の宣教師が多数逮捕、殺害された場面に遭遇したが、「莫」という女性宣教師が、自分一人を殺して他の宣教師を釈放して欲しいと要求した。このような自己犠牲の殉教精神を見て、馮玉祥は「西洋の教え」にはじめて好感を抱いた。その後、彼が兵隊として遼寧に駐留し、現地のキリスト教会を通りかかった時、無意識のうちに聖職者の説教を耳にし、キリストが語る自由、平等、博愛精神の解説にひきつけられた。キリスト教の教義は自分が兵隊を率いるのによく役立つと感じ、そのうえ教会では人びとが穏やかで礼儀正しく、さらに良い印象を与えた。一九〇五年、馮玉祥は病気のため、北京キリスト教会の崇文門病院に入院し、医師と看護師から手厚い看護を受けたので、感謝を述べた時、医者たちに「私に感謝する必要はありません。神に感謝してください。」と言われ、非常に感動した。そして一九一二年、馮玉祥が北京にしばらく住んでいた頃、日曜日にはメソジスト監督教会アズベリー聖堂へ行って説教を聞き、教会との関係は次第に近しくなった。キリスト教に対する彼の最初の考え方は「イエスは大革命家であり、彼は貧しい人に福音を与え、囚われた人を釈放し、縄で縛られた人を自由にした。そしてパリサイ人の偽善を非難した」というものだった。さらに馮玉祥の問いは「国を救うには、先に善き良心が必要で、イエス以外に誰が善き良心となれるか?」だった。このことからわかるように、馮玉祥のキリスト教信仰は、自身の修練のためだけでなく、宗教によって国を救い民を助ける道を歩みたいと願っていたのである。

一九一九年、馮玉祥は湘西鎮守使に任ぜられ、常徳に駐屯した際、アメリカ人宣教師ローガン氏(O. T. Logan, ?―一九一九)と知り合った。ローガン氏は、馮玉祥の部下をよく看病し、道を説いた。その後、ローガン氏が馮玉祥の親戚の心の病を治療している時、その妻の弟に撃ち殺され、馮玉祥は深く後悔した。償いのため、馮玉祥は遠く離れたアメリカのローガンの子に、学費として中国銀貨を八〇〇〇元送金した。ところがローガンの子供はこのお金に手をつけず返却してきた。そこで、馮玉祥はそのお金で、五〇〇人収容可能な礼拝堂を建て、ローガンから「羅」の文字をとり「思羅堂」と名づけた。この礼拝堂は全て木造製で、いつでも取り壊し、自由に移動することができる。それ以後、馮玉祥の軍隊が場所を移動するたび、この礼拝堂もそこへ移した。一九二二年、陝西に駐留していた時、馮玉祥はチャハル省（現在の河北省）張家口に「福音村」を建設することを計画し、人に頼んで設計してもらった。村の中央は礼拝堂で、周囲に住宅があり、他に学校と劇場を作る計画だったが、惜しくもその後勃発した戦争により、実現しなかった。

キリスト教の教義は、馮玉祥が社会を改善し世の人々を救う志と合致した。彼はキリスト教を高尚な道徳規範と見ており、キリスト教の結束力が高いと感じたので、宗教の力を借りて軍隊を統制し、兵士の素質を高めることができると考えた。彼はかつて、中国には食べていくために信仰する「喫教派」、教えを信仰する「信教派」があり、自分は教えを利用する「用教派」だと語っていた。彼は軍隊の中に従軍牧師を設けた。これは当時、各派軍閥の中で唯一無二であった。一九一八年湖南省常徳に駐軍している時、馮玉祥は自分の軍隊の中で正式に宣教活動を始めた。兵舎に礼拝堂を造り、日曜日ごとに牧師から士官全員に説教をしてもらい、聖書を読み、祈り、賛美歌を歌い、儀式を奨励した。馮玉祥は、自分でも兵士たちのため教義を解き、自分が必要とする教義内容を選んで、軍人教育の教科書『軍人精神の書』を作った。『道徳精神』、『愛国精神』、

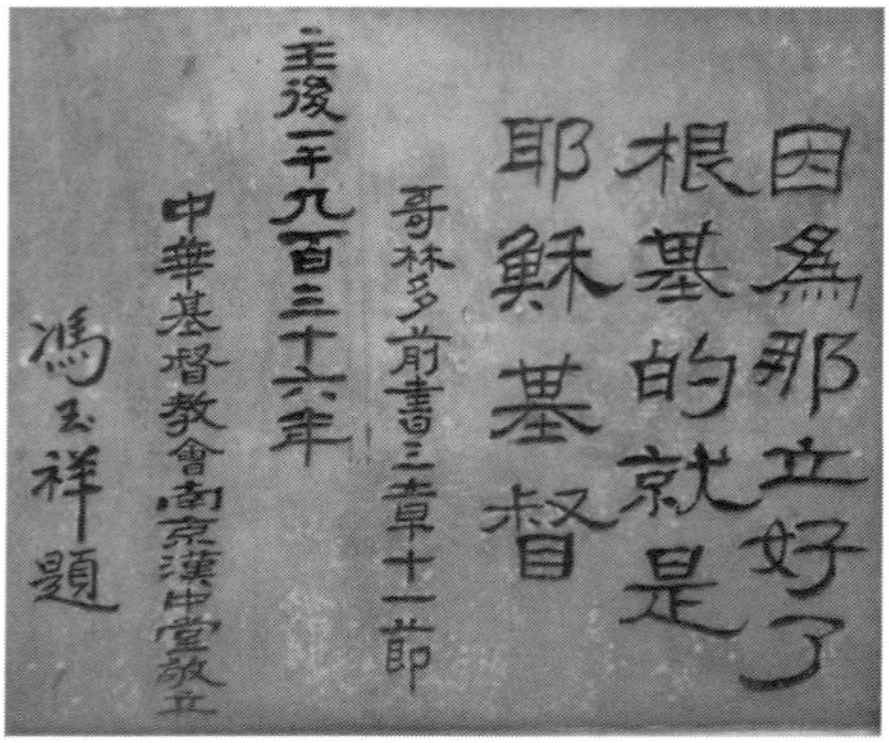

馮玉祥による教会の碑文

『軍紀精神』と三冊に分けて編纂し、配布した。これは「三精神の書」と言われている。馮玉祥は自分の経験を例えに教えることが得意で、中国の聖賢伝や伝統的な道徳観をキリスト教の教義と結びつけ、キリスト教を軍隊結束の中心思想としたので、入信するものが増えた。一九二四年、馮玉祥が北京で陸軍検閲使に就任した時には、彼が率いた三万人余りの中の大半がキリストを信仰し、洗礼を受けた士官は八、九割にもなっていた。その年の二月には、馮玉祥の軍隊の中では千名余りが洗礼を受け、八月になると、さらに五〇〇〇人が駐留地の南苑で洗礼を受けた。

馮玉祥は「教義を以て軍を治める」ことを提唱し、キリスト教の教えによって部隊を管理し、宣教活動を決してやめず、仕事に励んで節約を心がけ、贅沢に反対することを提唱し、身を清く保つよう求めた。馮玉祥と兵士は同様に、灰色の布の軍服を着て、稲わらで作った寝床で休み、毎回の食事は一汁一菜のみで、数十年変わることがなかった。馮玉祥は兵士が悪い遊びにふけることを禁じ、贅沢な絹織物を着用することを禁じ、喫煙と飲酒さえも禁じて、自らもタバコや酒をもって他人に接することはなかった。他の軍閥部隊と比べ、馮玉祥氏の軍隊はまったく異なる精神性をもっていた。規律に厳格で、戦闘力が高く、名声もあった。こうして馮玉祥の部隊は「模範軍隊」と呼ばれた。

このほか、キリスト教は馮玉祥が各政治集団や勢力と付き合っていくための重要な仲立ちにもなっており、彼はキリスト教を背景にもつ中国の軍事行政の人びとから信用を得ていた。一九二〇年九月、馮玉祥は漢口に駐在し、「馮玉祥は秘書の任佑民（キリスト教徒）を広州に派遣し、孫文氏を訪問させた。そして孫文先生が彼を必要とするならば、全力で事にあたると伝えさせた。果たして、一九二四年馮玉祥が奉天派とともに曹錕、呉佩孚を打ち破った後、自らの言葉を実践し、まず孫文に北京への北上を呼びかけた。これは孫文と馮玉祥が互いに代表を派遣して協議を行ったことと直接関連している（刘芳：《冯玉祥〝基督教将军〟称号的由来》、《文史月刊》二〇〇二年第三期）。一九三六年南京の基督教会が莫愁路で新堂の起工式を行った時、当時馮玉祥はキリスト教活動にあまり熱心でなかったが、招かれて参加した。聖書の中から次の言葉を選んで、教会の礎石のために揮毫した。「その基礎を作ったのはイエスであるから」。日中戦争勃発後、馮玉祥はまた聖書を読み始めた。一九四二年一二月、馮玉祥は重慶に「全国キリスト教節約献金総会」を作り、募金を難民の救済から抗戦兵士の慰労にまで広げ、国庫を潤し、軍隊と国家建設に役立てた。

正当な評価をするならば、かつて馮玉祥のキリスト教に対する信仰にも欠陥があった。馮玉祥に近いお付きの者が「馮玉祥はキリスト教に帰依して十数年になるが、深遠なキリスト教の教義をまだよく理解していない」と語ったことがある。言い換えれば、彼はキリスト教に対して「信じる」より「用いる」ことが多かった。彼は主に道徳規範の観点からキリスト教の教義を理解していたが、人の精神はなぜ宗教にすがる必要があるのかという深層心理の問題を、深く認識していなかった。これはもしかすると彼の粗野で豪放な性格と関係があり、教義を持って人を束縛し、教育することに重きを置いており、神と精霊への恭順な心理は持っていなかったのかもしれない。このことは、彼の身内の追憶からも証明できる。例えば、彼は毎日聖書を読み、勉強したが、祈りはせず、身内の者からも彼が祈っていると聞いたことがないという。そしてある教会の言行が馮玉祥の期待と一致しない時、彼はその教会と聖職者を咎めるだけでなく、『聖書』など基本教義に対する信仰までもが揺らぎ、懐疑的になっていた。一九二五年の「五・三〇事件」が起きた後、教会の人びとがアメリカ軍と日本軍が中国人を銃殺した罪を弁護したことに対し、馮玉祥は非常に憤慨した。彼は、中国のキリスト教徒の身分をもって、『「五・三〇事件」の大惨事を全世界のキリスト教徒に知らせるための電報』を発出し、その中で「労働者は迫害を受け、まさに押しつぶされた葦のようであり、中国人民は今、消えかかる灯火のようである。しかしキリスト教徒の中には、勇気を奮い起こして救援に赴き、弱きを助け強きをくじく義をもって公正を示す姿を見いだすことができない。それならばキリスト教徒が学んだ道理とは何であろうか。まして中国で布教を行う各国の宣教師は何をしているのか。いたずらにキリスト教を旗印に掲げ、キリスト教の本質にそむいているのではないか。ましてやキリスト教は世界の宗教であり、国境も人種の隔たりもないはずが、上海の事件を中国のことだとして、全く関心を寄せない。本来の教えとは身をもって苦しみを感じ、心から援助することなのに、何をまだためらうことがあるのか。キリストの教えを伝えるのに、他にたくらむところがあるのか。キリスト教徒でない者が、布教の名を借りて偵察を行っていると言い立てれば、何をもって弁護するのか」と問いただした（《馮玉祥自伝》、軍事科学出版社一九八八年版、第一一頁）。馮玉祥は、「五・三〇事件」に冷淡な教会と距離をおかなければ、自分も国民から軽蔑されるだろうと考えたのである。一九二五年以降、彼は軍隊の中でキリスト教信仰を普及させることはなくなり、自らの思想を次第に孫文の三民主義へと近づけていった。そして自身の部隊に国民党支部を置くことを許可し、さらに李大釗（一八八九―一九二七）など中国共産党の人物とも交流し、協力した。こうして、軍隊内の宗教色は弱まっていった。一九二六年五月になり、馮玉祥はソ連へ向う途中、中国国民党に加入した。

一九二八年七月二日、アメリカの『ＴＩＭＥ』誌の表紙に馮玉祥の写真が掲載され、その号はおもに馮玉祥についての報道内容であった。写真の中の彼には壮健さが現れ、大きな頭はわずかに仰ぎ見るようで、帽子のつばは額をほどよく覆い隠していた。写真の下には簡潔な説明書きがある「中国のクリスチャン・ジェネラル――烏合の衆を規律ある軍隊に変えた」。「クリスチャン・ジェネラル」という馮玉祥の呼称は、アメリカの濃厚な宗教的気風に合致していたのかもしれない。報道では、馮玉祥がキリスト教を信仰した経緯を紹介しているだけで、この時期、馮玉祥がキリスト教と次第に遠ざかっていたことは避けて語らなかった。文中には「馮玉祥の長所」という小見出しの下にこう書かれている「多くの外国人にとって、馮玉祥は伝記のような経歴をもち、彼のことに言及する際、人々はいつも、彼がキリスト教に帰衣したきっかけ、そして彼が部隊の兵士全員に『聖書』を読み、聖歌を歌い、牧師に従って祈るように命じたことを興味深げに話した。軍閥混戦の時代に、このような指導方法は確かに人びとの注目を集め、興味を持たせた」。当

アメリカの路上で講演する馮玉祥

時、『TIME』誌が描いた馮玉祥は、敬虔なキリスト教信仰を持つ中国の軍閥将校であり、これはアメリカの広範なキリスト教徒の好みに同調するためであることは疑いようがなく、そのため馮玉祥の思想と立場がすでに変化していることを隠したのである。

一九四八年、馮玉祥と李徳全がアメリカを視察していた時、メソジスト教会が馮玉祥に講演を依頼したのは、以前の縁があったためであろう。しかし教会の意に反し、馮玉祥は講演の中でほとんどキリスト教信仰の問題には触れず、アメリカ政府が援助している蔣介石との内戦による中国の被害についてばかり話していた。馮玉祥は講演中、蔣介石に四つのあだ名をつけた。「蔣介石は中国で幾千万の教授、学生、青年、老人を虐殺した。だから彼は「屠殺会社の社長」である。中国はどこへ行っても多くの共産党があるが、一人の手で築いたものだろうか。軍隊の待遇は不平等で、兵器弾薬を持って共産党を頼りに行く。庶民の生活はめどがたたず、自ずから共産党を擁護し、共産党に参加して無能な専制政府を打倒しに行く。そのため、私は蒋介石を「共産党製造工場の経営者」と名づける。あなたがたアメリカ人は蒋介石に戦車、大砲、銃器、弾薬を与えるが、彼はそれらを全て共産党に渡すことになる。私は蒋介石を、兵器弾薬を共産党へ運搬する「運輸大隊長」と名づける。さらに彼は「底なし沼の主」で、あなたがたアメリカ人が彼にいくら支援をあげても、永遠に埋めることはできない。

3．宗教と中国の現代政治

馮玉祥はかつて旧中国軍閥「クリスチャン・ジェネラル」の代表であり、後世の人は、よくそれを、宗教的背景をもつ中国の旧式軍隊の典型例とみなした。実際、宗教と近現代中国の政治的変遷を多方面にわたって観察すると、辛亥革命以降、軍閥と宗教の関係が密接で、宗教をもって軍を統制したのは馮玉祥一人だけではないことがわかる。馮玉祥の「キリスト軍」以外にも、現代中国には「佛字軍」と「神軍」などがある。

中国の長期的な皇帝権力社会において、軍人は士農工商などのグループと同様に、身を落ちつけるための主流の考え方は「天の龍の化身」である皇帝に忠誠を尽くすことである。辛亥革命で皇帝の権力を打倒する以前にも、政治改良を試み、立憲政治を企図する維新変法や、孫文の唱える共和論が登場したが、皇帝権力に取って代わろうとする立憲政治の意識形態は、軍隊も含めた近現代中国の各社会階層には普及しておらず、根を下ろしたとはとても言えなかった。中華民国成立後、武力に頼って戦い合い、一時的にはどちらかが覇を唱えるような各派軍閥はいずれも往日の皇帝権力を超越するような意識形態を探し求めた。しかし三民主義と共和思想の洗礼を受ける前に、多種多様な宗教が、軍閥や軍隊を統率する精神的支柱となり、中には公に宗教を旗印に掲げた軍隊さえあった。

旧軍閥の「佛字軍」は、唐生智（一八八九―一九七〇）が治めた軍隊のことである。唐生智は若いころ推薦されて保定陸軍士官学校へ入学し、授業の合間には熱心に仏教を信仰し、経典を読み念仏を唱えた。それ以来、唐生智は湖南省で力をつけ、清代末期の曾国藩（一八一一―一八七二）が創建した湖南軍（湘軍）で先頭に立った。しかし、彼は当時の湖南省省長で、同様に仏教を信仰する軍閥である趙恒惕（一八八〇―一九七一）と折り合いが悪く、二人は公開で「仏法くらべ」をするといった茶番劇を演じたこともある。趙恒惕はチベット仏教のラマ僧を長沙に招き「金光明法会」を開催してもらい、仏教をかりて、湖南省全体の大小軍閥をまとめることをねらった。唐生智も不利な地位に甘んじることなく、湖南省の著名な仏教居士である顧伯敘（一八八九―一九七三）を招き、入れ知恵をしてもらった。顧伯敘の提案に従い、唐生智は一夜のうちに全軍の兵士に髪を剃らせ和尚にした。兵士たちは、仏教の袈裟に着替え、前後に円形の徽章をつけ、前には大きく「佛」の字を書き、後ろに「大慈大悲、救人救世」と小さな字で書いた。閲兵の時には法螺を吹き鳴らし、仏語を唱えた。このように、唐生智は数万人の「佛字軍」を頼みとし、趙恒惕を湖南から追い払い、自ら「佛祖聖明」を祀って感謝の気持ちを表した。

いわゆる「神軍」は、軍閥の孫殿英（一八八九―一九四七）と劉湘（一八八八―一九三八）がそれぞれ統率した軍隊である。孫殿英の故郷の河南省では、庶民の間で道教に似た「廟会道」が流行していた。彼は人を集めて軍力を拡大し、「神仙」の夢を見たと自称し、神仙のところで宝刀と払子《ほっす》を得てきたと語った。行軍や戦争には必ずこの二つの宝を持っていき、黄色の緞子《どんす》で包み、ことのあるなしにかかわらず、線香を炊いて祀った。こうして神秘的な「廟会道」信者は次から次へと孫殿英の軍隊に入り、孫殿英は堂々と自分の軍隊を「神軍」と呼んだのである。一方、四川軍閥の首領である劉湘の「神軍」は、いわゆる「孔孟道」を崇拝している。彼は軍閥同士が混戦する四川で、「神仙」の助けを拠り所とする境地を作り出すことができると公言した。この「神仙」とは劉従雲という道士のことで、彼は「孔孟道」の創始者でもあり、劉湘に招聘され軍師となった。戦があるごとに「劉神仙」がすべて吉凶を占い、先ず風水を見てから軍の進路を決める。劉湘の「神軍」は勢力を増し、最後には一つの編成軍までに拡大し、一時は中国を沸き立たせた。

馮玉祥はキリスト教により軍を治め、キリスト教精神で兵士を教え導き、何人かの敬虔な教徒を士官に抜擢した。その中では、佟麟閣（一八九二―一九三七）が最も有名である。佟麟閣は馮玉祥の部隊に加入後にキリスト教に触れ、一九一二年湖北省で洗礼を受け、正式なキリスト教徒となった。この時から佟麟閣は毎日『聖書』を読み、さまざまな版の『聖書』を収集した。彼はキリスト教の教えによって厳しい要求を自らに課し、旧軍人の悪習を改め、人を殴らず、人を叱らず、ひいきをせず、人に優しく接した。馮玉祥はかつて宣伝誌『模範軍人問答』の中で佟麟閣をこのように評した。「彼は極めて敬虔なキリスト教徒である。自分の欲望に打ち勝つことができ、苦しみに耐えることができ、嘘をついたことがない。みな彼を品行方正な人だという。いつも目上を敬愛し、部下を大切にし、読書を好む以外にいかなる嗜好もない」。佟麟閣はまたキリスト教の教えをもって兵を率い、兵を大切にした。彼がひざまずいて国家と庶民の苦難の軽減を切に願い、涙を流して祈るのをよく目にした。佟麟閣の母親は元々敬虔な仏教徒で、家の中には仏堂が設けられ、線香や蝋燭の火が一年中絶えなかった。佟麟閣は家にいれば、母親が仏像に礼拝するたび、母親の傍らに付き添って孝心を示した。しかし、母が彼に仏像に礼拝するよう求めると、彼は「私はキリスト教を信仰しています」と優しく断った。最終的に、その母も佟麟閣の影響を受け、キリスト教に改宗し、教会で洗礼を受けた時は既に八三歳であった。

中国のキリスト教徒はかつて、日本軍を攻撃する重要なグループの一つだった。佟麟閣は副軍長として軍事指揮の責任を負い、軍部の名義で全軍の士官に対して発令した「日本軍の攻撃には断固として抵抗する。盧溝橋と存亡を共にすることを誓い、一歩たりとも後退してはならない」。一九三七年七月二八日の夜明け、日本軍が一〇万人余り結集し、戦車で援護しながら、突然、東、南、西の三方面から佟麟閣の指揮する第二九軍が駐屯する南苑へ総攻撃をかけた。当時二九軍は五〇〇〇人余りで、多くは新参の学生兵であり、武器装備も頼りなかった。このような状況の下、佟麟閣は士官と兵士を率いて応戦し、熟知した地形の優位を利用し、敵とわたりあったが、部隊が外の包囲網を突破する際に、彼は足に被弾した。危険にさらされる中、佟麟閣は首から十字架を外し、副官に渡してこう言った「キリストを信仰してから、ずっとこれを身につけてきた。数十年をともにした十字架を私の形見として妻に渡して欲しい」。応戦中、不幸にも頭部に爆撃を受け、絶命した。四五歳だった。佟麟閣は馮玉祥がキリスト教で教え導いた軍人の典型例であった。

馮玉祥部隊の従軍キリスト教牧師の中には軍歴の長いものもおり、のちに中国共産党の士官となり、その後新中国政府でさらに高い職務に就いたものもいた。余心清（一八九八―一九六六）、董健吾（一八九一―一九七〇）、浦化人（一八八七―一九七四）などがその例である。

余心清は、一九一五年南京金陵神学院に入学し、一九二一年馮玉祥部隊の従軍牧師となり、一九二三年に北京で南苑士官子弟学校の校長を担当した。余心清は当時、キリスト教の礼拝堂で布教をしていたが、『聖書』や「天国」について語ることは少なく、世界革命の潮流や中国人民の苦難を語り、革命軍人が担う救国救民の重責について多く語った。彼は奥深い話を分かりやすく説いた。事実や理論に基づき、語る言葉は生き生きとしていた。一九二六年、余心清はアメリカに渡ってコロンビア大学行政学院で学び、一九二七年帰国後は馮玉祥部隊の開封訓政学院院長に就任した。一九三三年にチャハル民衆抗日同盟軍政訓処処長、同年、馮玉祥の代理として福建省人民政府に参加し、福建人民革命政府経済委員会代主席を担当した。一時日本へ渡り、難を逃れていたが、抗日戦争開始後に帰国し、戦争初期は国民革命軍第三集団軍政訓処処長を担当し、一九四四年中国民主革命同盟に加入し、中国共産党に協力する民主党派のメンバーとなった。夫人の劉蘭華（一八八九―一九六八）は、李徳全の貝満中学の同級生であり、娘の余華心（一九二四―）を馮玉祥の息子・馮洪達（一九三〇―一九九三）に嫁がせた。新中国誕生後、余心清は中央人民政府弁公室副主任、典礼局局長、政務院機関事務管理局局長、国家民族事務委員会副主任などの職を歴任した。

中国共産党と早くから交流のあったエドガー・スノウ（Edgar Snow、一九〇五―一九七二）が一九六〇年に中国を再度訪問した際、毛沢東と延安にいた時期に知り合った「王牧師」との再会を希望した。その後調査を経て明らかになったのは、「王牧師」は元の名を董健吾といい、キリスト教信仰を改め、マルクス主義を信奉した中国共産党員であり、馮玉祥や張学良らと中国共産党との間の協力を仲介していた。残念ながら当時董健吾は「潘漢年事件」の調査を受けており、スノウは董健吾に会うことなく帰国した。しかし、スノウの提案とその後の調査を通じて毛沢東は董健吾の身分を知り、毛沢東と周恩来は上海の指導者に指示して、中央の名義で董健吾の仕事を用意させた。毛沢東は「ようやく分かった。瓦窯堡での国共合作会議に派遣された密使・董健吾は、スノウを護送した「王牧師」であり、私の三人の子を育ててくれた董健吾でもあったのだ。彼は党内の「怪人」だ。党内には「怪人」が二人いて、一人は元僧侶、一人は元牧師で、二人とも招かれ世俗に戻ってきた」。

毛沢東の言う「元僧侶」の中国共産党員は、著名な勇将・許世友（一九〇五―一九八五）のことで、元牧師とは董健吾のことである。董健吾は若い頃、馮玉祥の部隊で従軍牧師をしており、もう一人の従軍牧師である浦化人の紹介で中国共産党に参加した。のちに彼は上海の中共中央機関で情報工作を担当した。当時、延安からの指示を受け、毛沢東の妻・楊開慧（一九〇一―一九三〇）が犠牲になった後、上海で流浪する三人の子どもを探し、最終的に二人を人づてにソ連へ送り届けた。董健吾は毛家三兄弟の命の恩人なのである。

董健吾の入党を推薦した浦化人は、青年時代キリスト教徒だった。「馮玉祥は陝西省で聖公会会長であった浦化人と知り合った。浦化人は上海セントジョンズ大学を卒業し、のちに陝西聖公会会長となった。その後浦化人は一九二七年にソ連へ行き、帰国後、信仰を放棄し、『貧しい人に祝福あり』と書いて社会主義革命の道理を説いた。それから上海で国民党に逮捕され、一九三六年、馮玉祥が手をつくして浦化人を出獄させた」(劉芳「馮玉祥"基督教将軍"称号的由来」、『文史月刊』二〇〇二年第三期)。浦化人は釈放後、一九三七年に延安へ行き、延安新華通訊社で英文翻訳の仕事をし、その後、延安外国語学校英文系主任に就任した。中華人民共和国成立後、北京外国語学校共産党総支部書記、中国人民救済総会監察委員会委員などを歴任した。晩年、彼と李徳全はともに中国紅十字総会で仕事をした。古い友人が顔を合わせ、中国紅十字会事業の新局面を共に切り開いたといえよう。

毛沢東が「元僧侶と元牧師の共産党員は党内の怪人だ」と称したのは、からかいの意味を含んでいる。一般人の目には、共産党の無神論と宗教とは、水と油のように相容れないもので、僧侶や牧師だった人が共産党員になれるとは、何とも不思議なことと感じる。しかし、馮玉祥の生涯における思想変遷に照らし、各種宗教の信者が共産党に近づき、入党すらする現象を見てみれば、さほど理解は難くないだろう。近現代中国では、深く思考する人ならみな「天下の興亡は、国民一人一人に責任がある(天下興亡、匹夫有責)」という伝統観念の薫陶を受け、国を存亡の危機から救い、民を苦しみから救うことを探求するだろう。李徳全、馮玉祥夫妻がかつてキリスト教に帰依したのも、このような考えに基づくものであり、当時の中国では決して特殊な例ではない。他の宗教信者がのちに共産党に従って革命の道を歩むのも、多くが年齢を重ね、経験豊富になるにつれ、気がつくことがあるからだ。宗教は人の心の苦しみを和らげ、貧しい民衆の手助けにはなるが、腐敗した社会を全面的に改革し、民衆の運命を変革するには、三民主義やマルクス主義を指導思想とする革命運動と実際の闘争が必要なのだ。このようにも言えるだろう。宗教と革命はともに苦しみからの救済を主旨とするが、この二つには違いがある。一つは心の慰めに限定され、もう一つは社会行動に重きをおく。思想の重点が、個人の修養から社会改造へと転換する時、宗教の信者から革命党員に変わるのだろう。反対に、社会の闘争にうんざりしたら、革命党を退いて宗教で穏やかな心を求めることになる。このため共産党は無神論を、入党を認めるイデオロギーの最低ラインとするのだが、同時にこれが、共産党が宗教と共存でき、あるいは一定の協力関係を構築できる根本原因なのである。

董健吾

浦化人

四．馮玉祥、李徳全と国民党

1．現代中国における軍閥

共に清朝末期に生まれた馮玉祥と李徳全とが青春時代に別れを告げて社会に足を踏み入れた時期というのは、まさしく中国社会が伝統的な皇帝専制から現代的な共和政体へ転換した時期に相当する。一九一二年中華民国が誕生してから、一九二八年に蒋介石を首班とする中国国民党が中央政権を打ち立てるまでの中国社会は、封建王朝が瓦解し、中央共和政権が未だ確立していないという状況にあり、各派の軍人が各地に割拠し、それぞれが政治を行うという「軍閥混戦」の時代であった。そして馮玉祥とは、各地の軍閥たちが策をめぐらせ合併や離反を繰り返すこのような時代において、最も人々の注目を集めた人物なのである。後に全国を統一する中央政権が確立したとはいえ、馮玉祥と蒋介石との間の分合や恩讐といった出来事は、すべて各派軍閥との間の衝突と関係している。そのため、馮玉祥と李徳全との曲折やさまざまな出来事を理解するためには、必ずや中国現代軍閥の由来、あらまし、そして互いの間を錯綜する複雑な関係性を把握しておく必要がある。

いわゆる「軍閥」とは、中国現代政治の世界に特有の現象であり、独自の兵力を有して自立し、ある地方に割拠し、自ら系統的な集団を形成するに至った軍人及び軍人の集団を指す。清朝が滅亡し、中華民国が成立した後に軍閥の割拠及びその混戦という時代を迎えたその主要な原因は、清末に北洋大臣の職に就き、後に中華民国大総統となった袁世凱（一八五九―一九一六）に求めねばなるまい。清王朝を延命させるため、袁世凱は朝廷の命を受けて北京と天津との間の小さな兵站で新式陸軍――北洋軍の訓練を行った。孫文は終生にわたって共和制を主張し、幾度も革命党に清王朝への武装起義を促したが、最終的に清朝の統治を覆すに至った辛亥革命の主力は、実は各地で朝廷に対して反旗を翻した、この新軍なのである。共和政体の基礎や運用について、事前に充分な検討や準備ができなかったことが原因となり、中華民国が成立を宣言した後、中央より地方に至る各政権はいずれも袁世凱とその配下の将校たちによって掌握され、結果として新たな共和政府は実質的に軍閥政権となってしまった。これらの軍閥はそれぞれ異なる兵力から構成された軍隊によって地方の治安を維持し、財政を統制し、同時に他派の軍閥と絶えず地盤や利益を争い合った。その結果、今日の友は明日の敵という状況になり、解決不能なまでに争いが広がり、互いに分離と併呑とを繰り返す混戦状態を招いたのである。しかし、これらの軍閥は武に長けるが文に劣り、軍事的な能力のみで政治的な思考を欠いていたがために、しばしば人々から「兵痞（ごろつき）」、「大老粗（乱暴者）」と嘲笑された。このため、馮玉祥は他人から「軍閥」と呼ばれることを忌み嫌い、自らを「軍人」と称した。

一九一六年袁世凱が死去した後、北洋軍は分裂した。その他、地方の軍事勢力を合わせると、中国にはかつて次のような軍閥が存在したことになる。

安徽派軍閥。安徽省出身の段祺瑞（一八六五―一九三六）を首領とし、袁世凱の死後、北洋政府の実権を握った。後の一九二〇年に直隷派軍閥との間の「直皖戦争（直隷・安徽戦争）」に敗れ、政権を奪われた。

直隷派軍閥。直隷（現在の河北省）出身の馮国璋（一八五九―一九一九）、後に曹錕（一八六二―一九三八）が首領となり、後に統率権が呉佩孚へと移った。一九二〇年、一九二二年に相次いで安徽派軍閥と奉天派軍閥を破り、一時北京中央政府の実権を握った。

北洋軍から派生した以上三大軍閥の他、以下のようにそれぞれの地方性をもった軍閥が存在した。

奉天派軍閥：張作霖（一八七五―一九二八）及びその子・張学良（一九〇一―二〇〇一）を首領とする。

雲南派・広西派軍閥：雲南・広西に割拠した。

四川派軍閥：四川に割拠した。

山西派軍閥：閻錫山（一八八三―一九六〇）を首領とした。

広東派軍閥：陳炯明（一八七八―一九三三）を首領とした。

さらにこの他、馮玉祥の「国民革命軍」がある。これは元々直隷派軍閥に属していたものであるが、一九二四年の第二次直隷・奉天戦争の際に馮玉祥が北京で政変を起こし、直隷派の曹錕と呉佩孚を倒して、奉天派と共に段祺瑞を「中華民国臨時執政」として推戴した勢力である。後に馮玉祥は孫文の北上及び国民革命軍の北伐を支持した。一九三〇年には閻錫山と協力して蒋介石を攻撃し、歴史上有名な「蒋馮閻大戦」を起こしたが、最終的には敗れ、野に下っている。

各地の軍閥の中で、馮玉祥は他の軍閥と異なる性質をもち、独立した行動をとったことから注目を浴びていた。馮玉祥は本人が体格に優れ、大きな馬を操り、他軍閥の頭目たちの中でもひときわ目を引く存在だったばかりでなく、始終一つの系統に従うことをせず、自らの主張により何度も上司に背いたことも、他の軍閥首領とは違っていた。たとえば、一九二三年、当時の総統である黎元洪（一八六四―一九二八）を追い落とし、翌年の第二次直隷・奉天戦争中には、不正により総統の地位に就いた自派の曹錕を、クーデターを起こして捕縛した。続いて、今度は共産党と協力して安徽派の段祺瑞政権に対抗した。そして、後に蒋介石と同盟を結び、さらに決裂にいたるまで、中国国内外に名を馳せた。このため軍閥たちは馮玉祥のことを「変事ばかりで平常がない」と称して、新しいものを見ればすぐに飛びつき、絶えず立場を変えるその様をそしり、「倒戈将軍（裏切り将軍）」というあだ名までつけた。しかし、馮玉祥がこのように頻繁に矛先を変えて動き回るのは、決して主体性をもたずただ情勢になびいているのではないし、まして目立つことが好きだったり、敢えて人を驚かせるようなことをやろうとしたわけではない。彼がこのような態度をとった主な原因は、一般の軍閥と比べて馮玉祥はより平民的であり、個人の権勢や財産を追い求めることを恥と考え、武力によって国や民を救い、また、軍隊の力を借りて社会を改造することを志したことにある。特に馮玉祥が軍閥たちの中にあって、物事を深く考え、勤勉に学習したことはよく知られている。彼は貧困の中で幼少期を過ごし、あらゆる学校教育というものに縁のない「半文盲」ではあったものの、終生にわたって学問を志し、字を習い、文化人との交流を望み、虚心に各種の社会理論について教えを請うことによって、歴史の潮流に取り残されることのないよう、時代の歩みになんとか追いつこうと努力し続けたのである。正確にいえば、馮玉祥は当時の各地軍閥の中で最も柔軟で進取の気性に富み、国内外の様々な有益な思想を貪欲に吸収した。彼はしばしば古語を引用して自らのことを「今の是にして昨の非なるを覚ゆ（陶淵明『帰去来の辞』より）」と称した。思想や信仰の面において、早くはキリスト教を信仰し、続いてソ連やマルクス主義に親しみ、後には孫文の三民主義を信奉するようになるなど、頻繁な変化を伴う思想遍歴が看取され、彼が現代中国社会を改造するための方策を絶えず追求し続けたことを反映している。これは二〇世紀前半の中国において、文人から軍人に至るまで普遍的に見られた状況であり、馮玉祥の一生においてはそれが一般より典型的な軌跡をたどり、また、彼がより思想に執着する一面を有していたに過ぎない。同時にこれもまた、勝機がある場面で幾度も失敗し孤立しておりながら、常に中国各界の著名人たちの理解や同情を得、一般の軍閥よりも肯定的な評価を受けた主な原因であるといえよう。

中国の歴史の中で、孫文が「連ソ・容共・扶助工農」の三大政策を発表し、中国国民党と中国共産党との第一次合作を促し、さらには国民革命軍を組織して、一九二五年五月に北伐を行い国内初の革命戦争を始めたことは、軍閥統治時代の終焉が始まったことを象徴している。当時まさにソ連訪問中であった馮玉祥は、ときの国民革命軍総司令であった蒋介石の要請を受け入れ、ソ連と中国共産党との助言や援助のもと、時代の潮流に応じて自ら率いる国民軍をもって北伐を支持することを決定した。彼がその際発表した宣言は以下の通りである。「私、馮玉祥はもとより武人であり、生涯馬上にあって学問をしたことがない。自らの分をわきまえず、救国を目指したが、才覚がないために革命の方法についても理解が及ばず、そのため下野して遠く国外を周遊した。ソ連にたどり着き、世界革命の高潮が起こっているのを目の当たりにした。中国は世界の一部分であり、外国の帝国主義、そして国内の軍閥という二重の圧迫を受けて、早くから革命運動が起こっていた。同時に、世界の影響を受け、民族解放の要求はいよいよ切実さを増している。孫文先生の三民主義及び先生の指導する国民革命は、このような原因によって生じたものである。ここに私は、救国の要道は既に孫文先生によって開かれていることを知った。……私の熱い血潮がたぎり、気持ちを押しとどめることができず、私は急いで帰国し、同志たちと共に革命の前線に向かい、ともに奮闘する」(『馮玉祥自伝』、軍事科学出版社一九八八年版、九〇―九一頁)

一九二六年九月一七日、馮玉祥はソ連顧問団の共産党員・劉伯堅(一八九五―一九三五)、鄧小平(一九〇四―一九九七)たちの協力のもと、内モンゴルの五原において閲兵式を行い、国民聯軍総司令に就任することを宣言、甘粛へと迂回して東進し、北伐への参加を決定した。このことは馮玉祥率いる軍隊が徹底的に旧軍閥勢力と決裂し、革命側の将軍へと転換したことを示している。北伐軍は九カ月も経たないうちに直隷派軍閥の主力を打ち破り、長江流域と黄河流域の一部を占拠した。続いて馮玉祥の部隊は元山西軍閥の閻錫山と協力し、一九二八年には北京に攻め込み、執政の地位に就いていた奉天派軍閥の張作霖を東北へと撤退せしめ、その子・張学良はまもなく

「易幟《えきし》（北洋政府の五色旗から国民政府の青天白日満地紅に旗を替えること）」を宣言して、国民党主導の中央政権を承認した。ここに至って中華民国政権は全国の基本的な統一に成功したのである。

馮玉祥の国民軍は北伐戦争中きわめて大きな功績をあげており、革命の勝利に対する貢献度は蒋介石率いる国民革命軍にほぼ匹敵した。さらに、蒋介石が国民党の内部抗争によって辞任を迫られ下野した際には、馮玉祥は再三にわたって蒋の復職を求め、閻錫山と結んで蒋介石の再起を支援した。こういったことから、蒋介石が馮玉祥に対して恩義を感じていたことは疑いようがない。このような背景のもと、一九二八年初め、蒋介石は馮玉祥と閻錫山を国民革命軍総司令代行に任ずる電報を発し、さらには蒋、馮両名は鄭州において義兄弟の契りを交わした。蒋介石が馮玉祥に贈った書幅には、「安危共に仗《よ》り、甘苦同《とも》に嘗め、海枯れて石爛《ただ》るるまで、生死渝《かわ》らず」とあり、馮玉祥が返答に贈った書幅には、「結盟の真意、是れ義を主とせんと為す、屍を万段に砕かるるも、計らざる所に在り」とある。このことについて華人学者である趙浩生は次のように述べる。「五十年来、蒋介石と交流をもった大人物たちは、蒋の下僕に身を落とすか、さもなくば蒋に罪を着せられて犠

馮玉祥、蒋介石、閻錫山

牲となった。こうした人物の中で、蒋介石とかかわりをもった時間が最も長く、そうでありながら蒋の下僕になることなく、同時に蒋も軽率に手を下すことができなかった人物というのがまさに馮玉祥なのである」（佟飛・石火『東方怪傑馮玉祥』河南人民出版社一九八七年版、二六六頁）

2. 馮玉祥の軍人生涯

馮玉祥は軍人の家に生まれた。彼の原籍は安徽省巣県である。父親は清朝時代に武秀才に合格し、後に清末の新式淮軍の下士官となり、各地を転戦した。馮玉祥自身は直隷（現在の河北省）青県に生まれ、幼少期を保定の郊外で過ごした。彼は幼い頃、三か月ほど伝統的な私塾に学び、その後父の援助により推薦を得て兵士となった。兵士として数年の時を過ごすうちに、馮玉祥は軍隊内での階級も上がり、新しい思想に興味を示すようになっていった。彼は袁世凱が「新建陸軍」を創設すると耳にするや、ただちに新軍に転籍し、再び一兵卒となった。新軍の中でも馮玉祥は飛びぬけて優秀であったことから、駐屯地である遼寧省新民県において営長に抜擢された。この時、馮玉祥は軍の内部で革命思想の影響を受けた秘密組織「武学会」を結成した。一九一一年、辛亥革命の情報が伝わってくると、馮玉祥は上級将校に従い、灤州（現在の河北省唐山市）において、清朝を打倒し北洋新軍に反抗するため武装蜂起に参加したが、惜しむべきことに戦いに敗れ、逮捕されて故郷へ戻された。袁世凱は中華民国大総統に就任すると直ちに軍拡を進め、この時馮玉祥は上級将校の推薦を得て、原隊に復帰することができた。この後、馮はキリスト教に入信し、軍を治めるに当たって功績をあげ、また、匪賊との戦いで各地を転戦し軍功があったため、一九一四年には旅団長に昇進、陸軍少将の地位を与えられた。かつて馮自身がこの時期のことを回想し、次のように述べたことがある。「私は民国元年に軍を率いて以来、営から団、団から旅、旅から師、師から軍というように十数年間にわたって転々としてきたが、その間常に食料と兵器との不足から言い表せないほどの苦労をしてきた。しかし、戦闘の数は大小数十回・数百回をくだらないが、私は一度として負けたことがない。駐屯地も直（現在の河北省）、魯（山東省）、豫（河南省）、陝（陝西省）、川（四川省）、甘（甘粛省）、察（チャハル省。現在の内モンゴル自治区・河北省・北京市の各一部）、綏（綏遠省。現在の内モンゴル自治区の一部）、熱（熱河省。現在の河北省・内モンゴル自治区・遼寧省の各一部）、湘（湖南省）、鄂（湖北省）、皖（安徽省）と十二の省を巡ってきたが、一度として騒乱を起こして民に迷惑をかけたことがない。こうしたことから、私の軍は中国国内外から広く褒め称えられている。このような評判を耳にするたび、私はひそかに面映ゆい思いをしているのだが、しかしどうして軍隊がこのようになったのかといえば、やはりそれは私の軍の統治方法に少しは優れたところがあるということだろうか」（『馮玉祥自伝』軍事科学出版社一九八八年版、二一頁）。馮玉祥が治めた第十六混成旅団は、後の馮配下の軍隊の基礎を築いた。彼が後に率いた軍隊は前後して国民軍、西北軍、国民革命軍第二集団軍、中華民国陸軍第二方面軍などと命名された。

一九一五年、袁世凱が封建王朝体制を復活させ、自らが皇帝になろうと試みた際、多くの将軍たちは袁に籠絡されてその皇帝即位を支持する立場に回ったが、一人馮玉祥のみが異を唱えた。馮玉祥がとあるキリスト教の牧師から、孫文が蜂起を企て、革命によって袁世凱を倒す意向があることを示す書簡を受け取った時、時期を待って必ず決起するという固い決意を馮玉祥はもっていた。彼はひそかに反袁世凱派の将校たちと連絡をとりあい、上司に対して護国軍と戦闘を行わないよう告げることによって、反袁勢力の損害を抑え、同時に自らの軍隊を護国軍第五師と改編することを承諾した。袁世凱の死後、民国の政局は混乱し、馮玉祥は各軍閥間の闘争の中で中立の立場を貫いたことが原因となって、一度は職を罷免されたが、軍閥の張勲（一八五四—一九二三）が既に廃位されていた清朝の皇帝を擁して帝政の復活を企てた際、馮玉祥は立場を鮮明にして全国に電報を発信し、張勲の軍隊を討伐したため、復辟は失敗に終わった。

後に馮玉祥はその軍隊をもって、全国で重大な軍事上の出来事を三つ起こしている。第一に一九二四年の北京政変、第二に一九二六年の五原誓師、第三に一九三三年のチャハル抗日戦である。

馮玉祥が北京で起こした政変は「首都革命」とも呼ばれるが、その背景は一九二四年九月に直隷派と奉天派との間で勃発した第二次直隷・奉天戦争である。馮玉祥は政治及び軍事上の危険を冒して、両軍閥の隙を突く形で政変を成功させたが、この裏では馮が奉天派軍閥の張学良とひそかに結んで金銭的支援を得たのではないかと推測する者もいる。この北京政変において最も重要なことは、第一に、馮玉祥は本来自らが属していた直隷派軍閥内部において孤立させられており、同派の首領である呉佩孚からこれ以上圧力を受けることを望まなかったこと。第二に、馮玉祥は孫文の民主主義革命思想の影響を受け、いまだ北京に残っている清朝最後の皇帝・溥儀を追放し、孫文の北上を迎え入れて全国の政権を掌握しようと考えたことである。まず同年一〇月上旬、呉佩孚が北京を離れて前線視察に出た機会に乗じて、馮玉祥は自らの軍隊を率い、河北省滦平県より団結して進軍し、一〇月二三日、馮玉祥の軍はみな「不擾民、真愛民、誓死救国（民に面倒をかけず、心より民を愛し、決死の覚悟で国を救う）」という腕章をつけて北京に進攻した。馮軍は北洋政府の総統官邸を包囲して衛兵を武装解除し、当時の総統・曹錕を捕らえ、また、直ちに政治・軍事会議を召集して国民軍を結成し、自らその総司令に就任することを宣言した。また、溥儀を故宮から追放し、辛亥革命が未だに達成できなかった「清王朝の辮髪を剃り落とす」という課題を達成した。これは直隷派軍閥の基盤を徹底的に揺さぶってその退路を断ち、彼らの勢力を全滅させるに至った。続いて馮玉祥は孫文に宛てて電報を発し、孫文が「直ちに北上してすべてを指導する」ことを希求した。結果として後に段祺瑞によって「臨時総執政」の位は簒奪され、孫文も北京に到着後まもなく病没したのであるが、馮玉祥の北京政変はやはり革命行為と称するに足るものであり、全国の人々の記憶に深く刻まれることとなった。

北京政変後、馮玉祥は軍事視察のためソ連へと赴き、国民軍の立場は日増しに厳しさを増してきた。後に国民党の広東国民政府が北伐を行い、軍閥勢力を打ち滅ぼすことを宣言したと耳にした馮玉祥は、一九二六年八月、内モンゴルの五原県にて国民軍の再軍備を行い、北伐軍に協力して軍閥統治を抑えることを決めた。一九二六年九月一七日、国民聯軍総司令就任と全軍の国民党加入を宣言した。その後、馮玉祥は軍隊を率いて西安へ向かい、初戦の勝利を収めた。続いて再び陝西を攻撃し、湖北を支援して河南に進攻し、連戦連勝した。一九二七年五月、国民軍は河南

馮玉祥と蔣介石

省洛陽を攻略し、六月一日、今度は鄭州を占領して瞬く間に河南省東部において大勝を収めた。これらの相次ぐ戦果は北伐を行う国民革命軍にきわめて大きな貢献をした。当時北伐軍を指揮していた蔣介石が馮玉祥を見直し、知己として扱い、後に互いに義兄弟の契りを結ぶことを望み、兄弟と相称すことになったのももっともなことである。

一九三一年の「九一八事変（柳条湖事件）」によって日本軍が中国東北地方を侵略した後、馮玉祥は泰山において部下の吉鴻昌（一八九五—一九三四）と会い、二人は抗日戦争について、意志と行動との面で共通認識をもった。一九三二年一月、彼らはチャハル省張家口（現在は河北省に属す）に到着した。吉鴻昌は家財を売却し、その資金で銃や弾薬を購入し、以前自分に従っていた兵士たちを集め、馮玉祥も新聞誌上で言論を発表して自らの抗日戦争に向けた決意を表明した。一九三三年五月二四日、馮玉祥は張家口において各界の「民衆御侮救亡大会」を主宰、同時に「民衆抗日同盟軍」の結成を発表して自ら総司令の職に就いた。同盟軍は元の西北軍、東北義勇軍そして現地の漢族・モンゴル族の進歩的勢力や各地の愛国学生の中から六軍十数万人を募った。中国共産党中央も張家口にて特別委員会を設立し、馮玉祥らに協力した。六月一五日、同盟軍は第一回軍民大会を開催し、最高権力機関として「軍事委員会」を設置、馮玉祥が主席となった。準備が整い数度の勝利を収めた後、七月中旬には日本軍に占領されていた内モンゴルの多倫城を奪還した。この時の戦いは対日戦争最初の勝利と高く称せられた。各界の人士たちが続々と祝電を発し、また人員や物資を提供して軍を支援し、馮玉祥もまた「抗日名将」と称えられるに至った。ところが蔣介石によって、馮玉祥が指揮する同盟軍は「自分勝手な行動をとり」、「中央による統一政治を妨害した」と非難を受け、また、馮と協力した中共前線工作委員会の政治方針の誤りにより、抗日同盟軍総部は一九三三年七月に撤廃に追いやられる結果となった。

馮玉祥はチャハルを離れた後、再度泰山に向かい、一九三五年の秋までそこに滞在した。馮玉祥の全国的な政治的評価にかんがみて、国民党内部においても馮玉祥を呼び戻し、日本との抗争に当たらせるべきだという声が日増しに高まり、蔣介石も何度も人を派遣し、電報を発して馮玉祥が南京に来て職位に就き、ともに党政の大計を諮るよう要請した。馮は自らと蔣介石との間には重大な政治問題に対する態度の上で差異があることを知っていたが、一部の部下の反対を顧みず、蔣の求めに応じることを決め、南京に赴いて中華民国軍事委員会副委員長に就任した。馮玉祥は、これは位こそ高いものの実際には兵権を持たない名誉職に過ぎないことを認識していたが、これにより全党、全国に対して心を一つにして日本と戦う決意を示すことができると考えた。彼にとってこれは個人の利益よりも更に重要なことなのであった。

馮玉祥は抗日戦争に対する立場において、確かに蔣介石らその他国民党の要人たちとは異なっていた。一九三八年一〇月、武昌において国民政府最高国防会議が召集された際、馮玉祥は「抗日戦争を貫徹する」とは何かを語り、「あらゆる失地をすべて取り戻し、東北四省のみならず台湾、琉球各島をも我々に返還させ、日本帝国主義が無条件降伏すること。これこそが抗日戦争の貫徹である」と述べた。当時の国民党内における対日投降派はもちろんこのような立場を快く思わず、蔣介石もまた全国で抗日戦争を発動することについて長い間決めかねていた。蔣介石は局地的に日本軍に対し作戦行動をとらざるを得ないと考える一方、もう一面としては日本との間で引き延ばし交渉を行い、日本軍と正面から事を構えるのを避け、戦力の温存を試みてきたのである。蔣介石は一九三九年一月の国民党第五期五中全会において「抗日戦争の貫徹」の意味について次のように述べた。「我々のこのたびの抗日戦争の目的とは、当然ながら盧溝橋事件以前の状態を回復することであるから、この目的を達成できないのであれば日本と交渉を始めることはできない。もし盧溝橋事件以前の状態を回復することができるのであれば我々は交渉を始め、外交的手段によって東北問題を解決することが可能である」。蔣介石のこのような優柔不断な態度に対して馮玉祥は面と向かってその利害を述べ、蔣介石に「汪精衛のような連中は、富や地位のためであればどんな悪事でさえやってのける。蔣委員長にはこの抗日戦争という一本の道しか存在せず、失敗しても成功、成功しても成功なのである」と指摘した。蔣介石は馮玉祥の、自分と汪精衛を区別する見解におのずと好感をもち、馮玉祥もこの意見をラジオを通じて全国に浸透させた。馮玉祥の意図は、人々に蒋介石の抗日戦争への信念を知らしめ、挙国一致で敵にあたる気持ちを醸成することにあった。一九三八年、馮玉祥は武漢に招かれて中央訓練団を相手に講演した。「あなたの成功とは何か」という題目で講演が行われた。この講演の主要な内容とは、中華民国の成功こそがあなたの成功であり、蒋介石先生の成功こそが国家の成功である、というものであった。馮玉祥は個人的な恩讐を度外視し、蒋介石と国家の命運を同一視するよう努めたのである。一九三八年一月、馮は日記の中で民衆が日本と抗戦するにあたって注意すべき問題を記している。それには、「一、必ず中央を擁護しなくてはならない。二、必ず軍事最高指導者を擁護しなくてはならない」とある。馮玉祥は自著『抗戦哲学』の中で、特に「最高統帥者の指導に従い、一致団結して努力しよう」という章を設けて次のように述べている。「共通の目標、そして共通の努力とは、日本帝国主義を打倒して、三民主義の新中国を建設することである。この目的を達成するために、我々は必ずや最高統帥者の指導に従い、彼の指示の下で一致団結して努力しなくてはならない。この四年間、指導者は抗戦建国について少なからぬ訓示を行ってきたが、これらの訓示は我々一人ずつが順守すべきものであり、これらの訓示に従って努力することによってのみ、敵を駆逐し新中国を建設することができるのだ」。一九三八年五月、馮玉祥はある山の中で「馮将軍は抗日の推進者である」、「馮将軍は抗日の創造者である」という題字が岩に刻まれているのを見つけ、「目下抗日戦争の折、このような言葉は不和の種をまくようなものだ。現在、唯一の政府、唯一の主義、唯一の指導者しか存在せず、決してそれ以外のものがあってはならないのだ……」と考えた。しかし、抗日戦争に勝利して、蒋介石がアメリカの支援の下、中国共産党を消滅させようと図った時、馮玉祥は内戦に反対する立場を固持し、蒋介石との間に決定的な決裂を生じた。まさに周恩来が馮玉祥のことを「他人がとてもやらないことをやり、他人がとても言わないことを言う」と称えたように、馮玉祥のこのような精神は決して粗暴、野蛮、或いは個人間の恨みを意味するのではなく、彼は政治上の大原則にのっとり、生涯を通じて他人にできないことをし、言えないことを言ったのである。

3. 馮玉祥と中国共産党

馮玉祥はその軍事・政治生涯の中で、封建専制主義、キリスト教、三民主義といった思想遍歴を経てきたが、後に中国共産党の思想にも次第に接近していった。李徳全は晩年、夫・馮玉祥に対して一緒に共産党員となるよう求めた。それは夫の最終的な政治的選択と完全に一致こそしなかったものの、馮玉祥が生前中国共産党と密接な関係を有し、李徳全の後の政治的立場を決定する基礎を形成したことは否定し得ない。これまで馮玉祥が重大な政治的転換を見せる時、常に妻・李徳全により「赤化」されたのだ、という噂がたった。しかし、こういった考え方は明らかに、李徳全の馮玉祥に対する影響力を過大に見積もり、二人の関係を逆転したものに見ている。馮玉祥と李徳全との関係は、決して中国の俗語によく言われるような「気管炎（恐妻家。妻が厳しく夫を管理する、という意味の「妻管厳」と同音の漢字をあてた駄洒落）」ではない。彼らは終生、夫婦とは平等であるべきだ、という考えをもち続けていた。馮玉祥およびその軍隊と中国共産党との接近において、李徳全が参謀や推進役を果たしたことは事実であるが、その最終決定は間違いなく馮玉祥自身によって主体的に行われていたのである。

馮玉祥の比較的初期における中国共産党内の協力者は李大釗（一八八九―一九二七）である。一九二四年冬、ソ連から帰国した李大釗は、曹錕政権によって逮捕される危険を冒しながら、北京で中共北方局執行委員会を設立し、その指導者となった。当時、北方局は馮玉祥の国民軍を協力勢力とみなしており、駐屯地に出向いて馮に面会し、馮に対してロシア革命の情勢を伝え、二人の交流は次第に深まった。馮玉祥が自らの意思によって西北辺防督辦兼甘粛督辦の辞令を受けた時、孫文の代理人が馮に面会してこう言った。かつて李大釗と共に国共合作の国民党中央委員の身分で駐華ソ連大使に面会した際、ソ連側の意向は馮玉祥に対して支援を行うつもりだと。後に、馮玉祥は張家口において広東革命政府のソ連顧問ミハイル・ボロディン（Michael Borodin, 一八八四―一九五二）らに会い、「中国の目的は自由と平等を獲得することであり、この目的の達成を支援してくれる人はすべて我らの友人である」と述べた。二人は互いに意見を伝えながら親密さを増してゆき、最終的にボロディンは馮玉祥に対して孫中山の「連ソ・容共・扶助工農」の三大政策を貫徹するよう勧め、馮はソ連側が軍事顧問を派遣して部隊の訓練を助け、ソ連の武器の使用法を教育することを求めた。後にソ連は馮の軍隊に軍事顧問を派遣し、さらに一部の中共党員までもが馮の軍隊に参加した。一九二五年夏、李大釗は再び張家口に馮の駐屯地を訪ねた。この時の面会では馮玉祥をソ連へ視察に派遣する計画について話し合いがなされた。後に李大釗が軍閥により殺害されたという消息を得ると、馮玉祥は悲憤慷慨し、全軍に対して李大釗の喪に服すよう命令を下し、さらには自ら「李大釗ら二十名の同志を悼む」という挽詩を筆でしたため、石碑に刻ませた。

一九二六年九月一七日、中共党員・劉伯堅らはソ連より帰国した馮玉祥に従って内モンゴル五原県において閲兵式を行い、北伐を開始した。一九八二年九月二六日、北京で馮玉祥生誕百年記念大会が行われた際、鄧小平は当時の馮玉祥の軍隊の働く姿を回想して次のように述べた。「煥章（馮玉祥の字）先生は、我々党の人間に西北軍に参加するよう求め、共産党員はモスクワから二十数名ほど参加した。劉伯堅同志もまた、その時西北軍に参加して政治部部長となった。当時我々の党から三人が先遣部隊を務め、当時二十三歳だった私もそのうちの一人だった。一九二六年、李姉さんの弟と一緒に大砂漠を越えたことを今でも覚えている。軍備輸送のための車に乗ったが、当時は交通の便がきわめて悪く、我々は庫倫（現在のウランバートル）で一か月以上待機して、やっと内モンゴルへ帰還することができた。帰還後、煥章先生は五原で閲兵し、李大釗同志はさらに人を送ってきて作戦の計画を立てた」。鄧小平はまた、こうも言っている。「辛亥革命以来、煥章先生には時に紆余曲折もあったようだが、常に良好な状態にあった。一九二七年、蔣介石が党内の粛清を行った時、他の国民党幹部は共産党員を殺していたが、煥章先生の我々に対する態度は温和なもので、境域外まで礼をもって送ってくれた」。（余華心『伝奇将軍馮玉祥』、学苑出版社二〇〇七年版、三〇〇—三〇一頁）

一九三三年春、馮玉祥が張家口で民衆抗日同盟軍を組織した時、中国共産党と協力したが、状況は以前よりもやや複雑になっていた。この時、馮玉祥自身は国民党員であったが、抗日民族統一戦線の大局を見据え、秘密裡に中国共産党に参加していた部下の吉鴻昌と手を結ぶことを決めた時、他の国民党員たちの疑いや反感を招くことは避けられなかった。さらに一九三〇年以降、蒋介石は南方において中共革命根拠地へ絶えず大規模な包囲攻撃を続けており、その結果、馮玉祥は共産党と連携したいと考えておりながら、国民党中央やこれまでの彼の盟友たちと決裂することは避けたい、という板挟みにあっていた。このような要素が馮玉祥と中共との間の距離感に制約を与えていたのである。その他、馮玉祥が中共のソヴィエト革命及び階級闘争の方法に反対したことも、彼と中共との協力関係をそぐこととなった。しかし、先にも述べたとおり、馮玉祥は泰山に隠居していた際、共産党員の文化人を招いて社会理論を講義してもらったが、得るところ多くまた好感も抱いていた。のちに彼は真っ先に挙兵して対日抗戦を行い、全国の情勢に影響を与え、そして一人抗日の旗印をあげて蒋介石と対等な地位を築いたことに始まり、以後中共と再び歩みを共にし、生死を共にする運命共同体となった。しかし問題は、当時の中共臨時中央は馮玉祥との合作に対して基本的には同意し支持することを決定していたが、実際の方針と具体的な方法の上でさまざまな乖離が生じていた。このことは、馮玉祥が次第に中共に失望していき、最後には双方が喧嘩別れすることとなった重要な原因である。これに対する学界の見方は、当時の中共臨時中央の指導思想が揺れ動いて定まっておらず、「左」傾冒険路線が一世を風靡したことにより大きな被害をもたらした、というものである。同様に、馮玉祥と合作した中共河北省委員会及び前線工作委員会もこれと似た過ちを犯している。たとえば、彼らは、前任の特別委員会指導者は過度に保守的であり右傾化していると批判し、同盟軍の中共党員に対して「兵になれ、官に就くな」と求め、さらには「馮玉祥に反対し、打倒しよう」として軍隊の中で兵士たちにストライキをするよう促し、甚だしくは声高に馮玉祥の指揮権を奪取する、と言って一部の兵士たちを引き抜いて「紅軍」を形成し、「北方ソヴィエト根拠地」を立て、さらにはいわゆる「北京進攻」のような無謀な計画を立てたのである。このような出来事が馮玉祥の心を冷え切らせ、最終的には国民党の圧力の下同盟軍を解散せざるを得なくなった。しかし、たとえこのような状況に直面しても馮玉祥は過去の歴史的教訓を汲み取っており、「反共」を公言することなく、ただ「親共」的な気分がやや薄れただけだった。このような経緯があったとはいえ、馮玉祥は中国共産党による救国救民の政治趣旨に対しては終始理解と同情の心を持っていたのである。

抗日戦争時期、周恩来が中共代表団を率いて臨時「戦時首都」武漢へ赴いた際、国民政府軍事委員会副委員長であった馮玉祥との間には頻繁な往来があった。一九三九年になると、馮玉祥夫妻は重慶で周恩来夫妻としばしば交流し、両者の関係はより親密さを増した。彼らはしばしば馮玉祥の家に集まって時事を論じ、また世間話にも興じた。ある時、馮玉祥が真面目な様子で周恩来に対して、自分の周りにいる人々のうち誰が共産党員なのかと尋ねたことがある。周恩来もまた真面目な調子で、帰ってきちんと調べてからお答えする、と答えた。数日後、驚くべきことに周恩来は隠すところなく馮玉祥に次のように告げた。「あなたの周辺には周茂藩・趙力鈞・李正義の三人の共産党員がいる。もしも不都合があれば彼らを転任させても構わない」。馮将軍は間髪おかず「転任させる必要はない。それを知ってさえおけば、事情を把握でき、仕事を進める上で便利になる」と答えた。実際に抗日戦争初期、この三人はいずれも馮玉祥の許可を得て、陝北延安の中共抗日軍政大学で学習しているので、彼らは間違いなくその時期に共産党に入党し、抗日軍政大学を卒業した後に再び馮玉祥の下に戻って職務に就いたものであろう。そのうち周茂藩は馮玉祥の少校参謀に任ぜられたことがあり、重慶の八路軍の事務所に情報を流したことが原因で軍統特務に逮捕されて入獄したが、馮玉祥が強く援護したことから釈放され、その後も馮玉祥の身辺に仕えた。馮玉祥は豪快な中に繊細なところも持ち合わせており、自分の周囲に共産党員がいることは察知していたが、それでも彼らが身辺に残ることを許していたのは、自身の観察や理解を通して、彼らは非常に信頼に値する人物と考えていたからである。

馮玉祥と李徳全、重慶にて撮影

馮将軍は共産党員であると判明した部下を身の回りに留めたのみならず、終始力の及ぶ限り彼らを保護し、共産党に危険が訪れた際には多くの党員を救った。また、馮玉祥は後に自身の紹介によって、周茂藩を国民党軍事委員会総司令部第二庁に勤務させた。一九四二年八月、周茂藩が突然失踪した。そのことを知った馮祥玉は直ちに彼を救う方法を考え、自ら当時国民党の要職にあった何応欽（一八九〇―一九八七）の下へ出向いて協力を求めた。馮玉祥は何応欽に対し、怒髪天を衝く勢いで機関銃のように怒声を浴びせ、何応欽を唖然とさせた。馮玉祥は蒋介石までもが「兄貴」と呼ぶ人間であるから、何応欽はただ恭しく「まずはご邸宅へお戻りください。もしかすると末端の人間が誤って捕えた可能性がありますので、私が調査致します。もし周が捕らえられていることがわかれば、即座に釈放させます。それでよろしいでしょうか」と告げることしかできなかった。数日後、馮玉祥は何応欽が周茂藩を秘密裡に軍法総監に連行して、厳しい取り調べを加えていたことを耳にしたが、軍法副総監は馮玉祥の昔の部下であったため、馮はここで再び彼に援助を求め、その昔の部下は「証拠不十分」という理由で周茂藩を釈放した。周茂藩は馮玉祥の下へと戻ってしばらく仕事をした後、中共解放区へと向かった。

馮玉祥は毛沢東、周恩来ら中共の主要な指導者に対して、常に尊重の念を抱いていた。周恩来と馮玉祥との交流は十年近くに及び、きわめて親密で何も隠し事がないほどの間柄であった。馮玉祥は周恩来のことを良き友であり良き師でもあると尊敬し、周恩来もまた馮玉祥のことを協力関係にある良き友人と重視していた。彼らが面会している時には常に彼らの爽やかな笑い声が聞こえていたものである。周恩来が最初に馮玉祥に会った時、馮玉祥は応接間で「喫飯太多、読書太少（飯を食らうこと甚だ多く、書を読むこと甚だ少なし）」という八文字を毛筆で書き、自身が周恩来に及ばないことを述べ、周への尊敬を示した。周は一九四〇年代初め、馮玉祥の誕生日に、馮を「抗日戦争の大河の流れに屹然と立つ柱となった」と称えた。四〇年代末期には、再び馮のことを「新民主主義の中国へと向かっている」と称賛している。一九四五年八月、毛沢東が中共中央主席の身分で蒋介石との和平交渉のため重慶へ赴いた際、李徳全が空港に向かって毛沢東を歓迎したのみならず、馮玉祥と共に自らの邸宅で宴会を開いて、毛沢東や周恩来など中共の指導者たちをもてなした。

一九四六年秋、馮玉祥は「水利事業の視察」という名目で家族と共にアメリカへ行き、蒋介石を援助して中国で内戦を起こさせているアメリカの政策を各地で批判し、その影響力が次第に大きくなってきたことから、最終的にはアメリカの移民局によって追放されるに至った。そして一九四八年夏、馮玉祥とその家族はソ連の客船に乗って帰国の途につき、途中黒海を経由した際、船上の火災によって馮玉祥は不慮の死を遂げたのである。李徳全は一九五八年になって、当時彼女らが乗ったソ連の客船は中国共産党の予算によって手配されたものであることを友人から聞いた。当時毛沢東、周恩来といった中国共産党の指導者たちは馮玉祥が中国へ戻って新政治協商会議に参加することを強く望んでいたため、当時の中共東北局の財政責任者に指示を下して予算を出させ、馮玉祥一家の帰国のためにソ連からその豪華客船をチャーターしたのである。

馮玉祥が事故死した際、毛沢東、朱徳、周恩来ら中共の主要な指導者たちはそれぞれソ連に弔電を送って哀悼の意を示した。その年の一一月、李徳全はソ連で治療を終えて退院した後、直ちに中共により中国東北解放区へ迎え入れられた。一九四九年春、李徳全は長らく離れていた北平（現在の北京）へと戻った。一九四九年九月一日、北平では馮玉祥逝去一周年記念大会が荘厳に行われ、毛沢東は大会のために自ら「馮玉祥将軍の逝去に謹んで哀悼の意を表す」という追悼語を書いた。

後に新中国の中央政府は馮玉祥の遺骨を泰山に埋葬することを決定した。一九五三年一〇月一五日、馮玉祥の墓で納骨式が行われた。墓前には毛沢東、朱徳、周恩来の自筆の追悼句が掲げられた。毛沢東が二度にわたって追悼の辞を書くという栄に浴したのは、馮玉祥を除いて誰一人としていない。

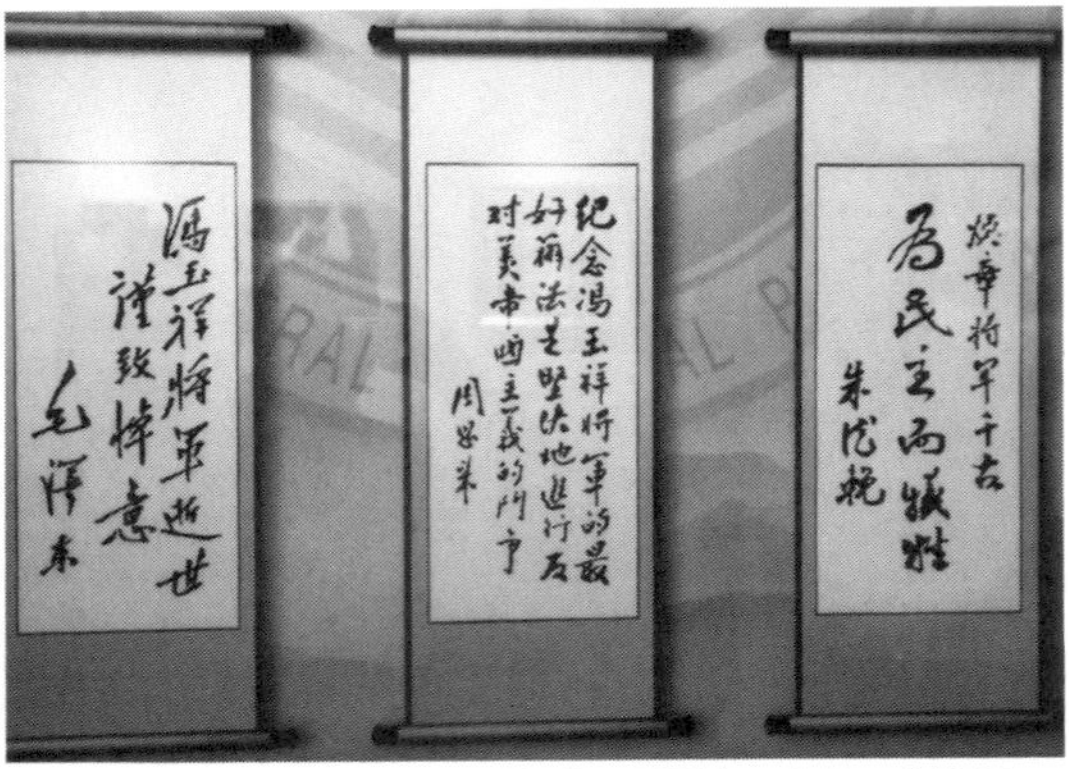

馮玉祥のために書かれた毛沢東・周恩来・朱徳の哀悼語

終章　温故知新と継往開来

一．温故知新――日中関係における官・民交流

日本人居留民と戦犯の引き揚げの交渉のために、李徳全率いる中国紅十字総会代表団が日本を訪問してから今日まで六十年以上の月日が経った。中国の伝統的な年の数え方によれば、甲・乙・丙…などの「十干」と、子・丑・寅…などの「十二支」のそれぞれを組み合わせていき、六十年を一つの周期として「甲子」と呼ぶ。またその前に「花」という字をつけ足した「花甲子」は、十干と十二支が一周し、古いものが新しく様変わりすることを意味する。それで中国の人々は六十歳を指すのに「甲子」や「花甲子」を用いるようになった。中国では「花甲之年」以外に、「耳順之年」と呼ぶ習慣もあるが、これは『論語・為政』篇の中の「六十而耳順（六十にして耳順う）」からきている。これは孔子の言葉である。「耳順」とは、聴覚が鋭く、他人の話の意味を理解できる、あるいは異なる意見を聞き入れられることを意味する。中国では人の賢さを形容する言葉に「耳聡目明」という四字熟語があり、このうち「耳聡」が賢さの度合いの半分を占めている。中国の庶民はこの「耳聡」がとても重要であると考えており、「听人劝，吃饱饭（人の忠告を聞けば、腹一杯食べられる）」ということわざもある。

李徳全が初の訪日をしてからすでに「花甲之年」が過ぎた。日中関係についていえば、日中双方はともにより「耳順」になるべきである。そして、その中から有意義な、経験からの教訓を汲み取ることができる。いわゆる「温故知新」である。

いま李徳全が中国紅十字総会代表団を率いたはじめての訪日日程を振り返ると、最も印象深いのはその独特な位置づけと性格である。代表団が帰国後、中国政府に対して行った報告によると「中国紅十字会代表団は新中国の代表としてはじめて訪日した民間の使節団である」「このたびの中国紅十字会代表団の訪日は、中国国民が今後長期にわたって日本国民と友好関係を保ち、平和的に共存することを願い、決意をしたことを伝えるためのものであり、これにより両国国民の友好と理解は一歩前進した」「代表団は日本到着後、各界・各団体と各地方代表の国民歓迎大会や各種座談会一九回、宴会および茶話会一七回、そして記者会見やラジオ・テレビの出演一三回に参加し、日本の広範な社会階級に対し、中国と中国国民の日中友好に関する主張と願いを誠心誠意、詳細に伝えた」。当時中国側はこのような外交活動を「民間外交」と呼んだ。「民間外交」とは国家間や政府間の外交とは異なる、民間による国際交流である。ここで注意すべきは、中国語の「民間」という言葉には、「官」の外にあって、「官」と対等であるという意味を含んでいる。孔子はかつて「礼失而求諸野（礼失われてこれを野に求む）」と述べた。この「野」とは「朝」すなわち「政府」に相対する言葉、つまり「民間」である。孔子は、王朝体制が崩壊し、社会の綱紀が乱れたならば、民間と庶民に助けを求める以外に復興の希望はないと考えた。毛沢東は新中国の外交創始期に、有名な「寄希望于人民（人民に希望を寄せる）」と「民間先行、以民促官（民間が先行し、民が官を促す)」という外交方針を掲げたが、これはこの「理失而求諸野」と同じ流れをくむものである。当時この外交方針は平和、友好、互恵を基調とする新中国の外交の枠組みを迅速に、効果的に作り上げた。

新中国が生まれたばかりの頃、世界で中華人民共和国を認める国はそう多くなかった。特に「冷戦」の時代だったため、日本政府はアメリカの影響を受け、日中両国の外交関係正常化はまだ不可能であったが、新中国の指導者らは日本との関係を発展させる潜在力について、終始積極的で楽観的な態度であった。毛沢東や周恩来が掲げた対日外交方針は、民間交流を強化することによって、政府間の関係改善を促進することであり、また両国の人員の往来を促すことによって、お互いを理解し、日中友好協力関係の発展を進めることであった。中国のこのような民間外交活動は主に、工会(労働組合)、青年聯合会、婦女聯合会、中国人民保衛世界和平委員会という四つの大きな人民団体が担当していた。また外交学会、紅十字総会、貿易促進会、体育総会などその他の人民団体も対外活動を充実させていった。一九五二年には、中国の民間外交は一つのピークを迎えようとしていた。嵐のような勢いで盛り上がる戦争反対、民族解放運動や世界平和運動と呼応するように、中国の民間対外交流も精彩を放っていた。同年、世界平和理事会の支援のもと、宋慶齢、郭沫若など中国の著名な社会活動家らが提議して、北京で「アジア太平洋地域平和会議」が開かれ、関連する一連の国際的イベントが催され、外国人の、とりわけ日本人の中国訪問が日増しに頻繁になった。一九五三年四月、中国共産党中央政府は「中央国際活動指導委員会」という専門的な部署を作り、王稼祥主任と廖承志副主任が直接民間外交を指導した。一九五六年六月二八日、当時国務院総理であった周恩来が日本国有鉄道労働組合らの訪中団と接見した際、「私が思うに、国民外交の方式を続ければ、日本の団体は更に多く来るだろうし、我が国の団体も多く訪れるだろう。二国間でやるべきことをすべて終えたら、後は両国の外務大臣が署名するだけで、手間がかからない。これはとてもよい方法だ」と語った。

この意味するところは、新中国の民間外交活動や民間対外往来というのは、基礎固めや条件整備に重きをおき、庶民同士のルートに基づいてはいるが、実際は、常に政府と直接的または間接的に繋がっているもので、民間の往来と政府の接触は終始同時進行であり、帰結するところつまり「以民促官」であった。たとえば、周恩来も日本政府とのつながりを、順序立てて、徐々に深めることを重視していた。彼はかつて両国の民間貿易を例に挙げて、「民間の貿易交渉は、互いに貿易代表処を置くこと、ひいては政府貿易協定等の問題に関わることであり、政府による支持や保証がなければ不可能である。つまるところ、二国間関係の問題を解決するには政府が関与しなければならない」と述べている。これを基に周恩来は一九五七年七月、中国の外交は政府、半民間、民間の三者が連携するという、立体的かつ総合的な外交思想を打ち出した。立体的かつ総合的な外交とは、政府、議会、政党、軍隊、経済、文化、教育、科学技術、学術、民族、宗教、衛生、体育、環境、都市ひいては民間など多くの分野を含むもので、この中で、首脳外交をはじめとする政府外交はその中心にあるものだが、民間外交はその長期的安定的な基礎なのである。こうして新中国の外交の独特な構造が形成された。

中国には「鉄打的営盤，流水的兵（兵営は鉄製のごとく動かず、兵士は流水のごとく入れ替わる）」ということわざがある。軍隊組織のこの特徴と少し似ているのだが、いかなる国家においても政府の役人は流動的で入れ替わりがあるが、民衆と社会の根幹は「鉄製の兵営」のように安定し堅牢である。一般的に、政府の役人は国家の代表者として、外交という舞台の上ではどうしても国家利益を守る強硬さを持つ役を演じなくてはならない。なぜなら、彼らは「国家に背いた」という汚名を負わされることを恐れているからだ。そうされないために、彼らは外国と戦火を交えることさえ厭わない。まるでそうでもしなければ国家主権の神聖な「精鋭」や「硬骨の士」というイメージを確立できないかのようだ。民間人の中にも極端な思想をもつ者や過激派はいるが、総じて言えば、庶民は国家と世界平和のための「バラスト（重し）」であり、時には対立や衝突を解消する「緩衝剤」ともなる。このことから「民間先行」「以民促官」の外交理念は、新中国初期の外交政策のその場限りの措置ではないことが分かる。長期的な外交路線だとしても、一時的な外交苦境から逃れるためだとしても、民間外交は唯一無二の方法と称えられるべきである。近年、日中両国の外交が政府交渉に重きを置き、民間の往来を軽視し、ひいては前者が後者に取って変わるというような盲目的な偏向趨勢があるが、鑑みると、新中国の建国初期に李徳全が両国の民間外交を切り開いたという歴史的経験はまことに貴重であり、日中両国の政治家が回顧し参考とするに値する。

二．継往開来——日中関係の「正常化」

日中両国の有識者の長年にわたる懸命な努力の積み重ねによって、一九七二年、両国はようやく正式に外交関係を回復させた。当時多くの人が喜びに沸きたち、安堵の溜息をつき、両国の国交はこれから正常化の軌道に乗り、以前のようににっちもさっちも行かないことはなくなると推測した。だが、実際にはそれほど簡単でなかった。その後数十年の中で、日中間において政治、経済、貿易、文化など各方面での交流と緊密さは著しい進展を遂げたが、矛盾や衝突も絶えることがなく、近年では国内利益のための衝突だと推測されるものさえある。数々の現象は我々に疑問を抱かせ、反省を促す。「日中関係は果たして正常になったのだろうか」と。

近年、日本国内で「普通の国になる」という呼びかけが起きている。このような呼びかけの含意は「これまでの日本はまだ普通の国とは言えない」と読み取れる。またほぼ同時に、中国の改革開放の過程と経済発展も徐々に「新常態（ニュー・ノーマル）」と呼ばれる時期に突入した。これはある意味、これまでの中国社会、経済は高度成長の道を歩んでいたが、これからはゆるやかな持続可能な発展パターンへと変わっていくことを示している。しかし奇妙なことに、ちょうど日中両国が期せずしてそれぞれ通常の発展段階に入り、正常な状態を求めているこの時期に、互いの関係は少し「正常」でなくなったようだ。両国は国交を回復した初期のように意気投合し、順風満帆な状態ではなくなっており、時に、以前にはなかったもめ事や衝突が起きている。このような情勢の変化をみて、驚きの声を上げている人もいる。「日中関係はいったいどうなったのだ?」と。(呉学文、卓南生『中日关系出了什么问题』、北京大学出版社二〇〇五年版)

この不可解な日中外交の新たな問題をきちんと説明し、現在の日中関係の矛盾の話や双方譲らない局面を解明するためには、まず以下のことを認めなければならない。目下日中両国それぞれの「常態」的発展と「正常な」イメージについて、互いが意味するところは必ずしも同じではない。日本が求めているのは「普通の」「正常な」国家としての政治や外交目標であり、体外的に与える印象としては、敗戦国として長期にわたり受けてきた制限や圧力から脱却し、国際舞台の上で他の国々と対等に渡り合うことにあるように見える。これは実質的に、日本とその他の国、特に被害を受けた国との間の「正常でない」関係を改善し、お互い恩讐を清算した「正常な」関係になったことを意味する。日本がこの内政及び外交目標を達成しようとするならば、道理にかなった方法として、毛沢東の提唱した「ふろしきづつみを捨てて、機械を動かせ」という一種の政治態度を参考にしてもいいかもしれない。(毛沢東「学習と時局」『毛沢東選集』第三巻、人民出版社一九六八年版、第九〇一頁)この中の「ふろしきづづみを捨て」とは、日本にとっては歴史上の戦争責任にけりをつけることである。外交は初めから一方的な願望では成り立たず、双方または多方が相互に意見交換し、共通認識を形成してこそ、外交の成功と言える。また「機械を動かせ」とは「思想器官をよく使え」すなわち「頭を使え」だと毛沢東は説明する。目下、日中双方は意見交換や協議をできるだけ多くするよう尽力すべきである。これに対し、中国のいわゆる「新常態」的発展とは、国力が衰弱していたため改革開放を猛スピードで追い求めてきた「正常でない」状態を変えることである。新中国が成立し、後に日本と国交を回復するまで、中国はずっとこのような「正常でない」状態におかれ、先進国に後れを取りながらも、強くなるため志を立て奮い立っていた。「正常でない」状態の中国とまだ「正常な」国家になれていない日本が外交関係を「正常化」する時、実質的に「正常でない」発展と「正常でない」国家がお互いに結びつき補い合い、数学で言う「負と負をかけると正になる」原理のように、当時の日中関係が人々に比較的「正常な」印象を与えたと考えることはある意味理にかなっている。例えば、当時、中国の経済力と社会水準が日本に大きくおくれを取っていたこと、中国が日本に対し侵略による損害賠償を強要せず、人道的な立場から日本人居留民、戦犯や残留孤児等の帰国支援を行ったことに日本社会の主流が感激したこと、それらの一つ一つのことが、二つのまだ「正常でない」国同士の、一時的な「正常な」関係を構築していたのである。

これとは反対に、近年、日中両国の関係は既に逆転の様相を示しており、「普通の」「正常な」国になろうとする日本と、「常態」的発展の中国の間には、密接な協調関係は少なくなっている。中国が安定的で持続的な「常態」発展モデルに移行したのは、相当な国家力を蓄積した基礎の上に立つもので、日本にとっては力の逆転によるプレッシャーを受けるだろう。一方で、日本が「普通の」「正常」な国になろうとする意志は、歴史が徐々に遠くなり、戦争で中国に与えた被害を省みる心や、日本人居留民や戦犯の帰国協力など中国が日本に示した善意に対する感謝の念が薄まることを意味し、二国間に残された或いは新しく生まれる紛争や論争などについて、日本が遠慮せず思うまま振る舞うようになることもあるだろう。このような前代未聞の新たな変化を前にして、日中双方にもそれを憂い、改善の手立てを提案する者がいる。たとえば、日中の間において「いずれを師とすべきか」という問題を再考しようという考えがある。

日中関係史上、唐と宋、二つの時代は日本が中国を師とした時代であったが、近現代になると中国が日本を師とした。その二つの時代においては、いずれが師となろうと、ハードパワー、ソフトパワーの差が比較的大きく、不均衡な状態にあり、「師」とする相手を敬い、手本として学び、互いの実力が均衡することを目指していたのである。つまり、これは両国の関係が「正常でない」状態から「正常な」状態に変わる過程であった。今の時代に再び「日中のいずれを師とすべきか」という問題を提起することは、表面上はそれぞれが相手に対し謙虚で礼儀正しい姿勢をとり、それによって双方の間の紛争や衝突を解消することを目指しているようだ。しかし総体的にみて、今現在とこれからの日中両国の国情を具体的に評価するならば、双方のハードパワーとソフトパワーが均衡しつつあることを認め、その上で両国関係をまたかつての「いずれを師とすべきか」というモデルに引き戻すことには無理がある。日中のどちらか一方がまげて相手を「師」とし、本心に逆らってへりくだるよりは、むしろそれぞれが客観的に公平に、相手を友人もしくは競争仲間とみなし、互いに切磋琢磨することがより現実的であろう。時は経ち事情が変わっているので、昔のことを思い出し懐かしむことを求めてはならない。

日本の外務大臣岸田文雄は二〇一六年四月に「新時代の日中関係」と題する講演を行った。その中で「新しい時代とは何か。それは、この二〇年程を見ても、国際社会のパワーバランスにおける、日本、中国、それぞれの立場が変化しました」と言ったが、日中関係の新時代が何を意味するかは明確に述べなかった。実際のところ、日中関係の「新時代」においては、互いに平等、公正、互恵的な態度で相手に接し、万が一にも相手に損をさせて自分の利益をはかることのないよう努めるべきであろう。もし我々に一人、双方がともに敬うべき「師」がいるとすれば、それは「歴史」、中国でよく言われる「史をもって鑑となす」である。「鑑」の原義は「鏡」で、人類が最も早い時期に発明した、自らを認識する宝物である。人が自身の長短や優劣をはっきり見てとるのを助ける「歴史」という名の鏡を、軽んじるほど愚昧であってはならない。

現代の日中関係史において、李徳全率いる中国紅十字総会代表団の訪日と、それが巻き起こした反響は、両国の政府と民間が永遠に、ともに参照することのできる一枚の鏡だといえよう。もしかすると、それは時が経つにつれてぼんやりし、はっきり見えなくなり、扱いようによっては粉々に割れてしまうかもしれない。中日両国には、この貴重な歴史という名の「鏡」を元に戻す責任があると思う。

中国語版あとがき

この本は林振江先生とその構想に賛同した私がともに作り上げたものである。

北京大学で長年にわたり仕事をされている林振江先生と私が知り合ってから何年たっただろうか。林先生は日中両国の各界の方々と人的つながりを持っており、日本の政治家とメディアが、李徳全が中国紅十字総会を率いて来日したことを再評価する動きがあると知ると、この史実が当時の日中関係を開拓し、また今後の日中関係を前進させる重要な価値を持つものと考え、私と二人でこの本の原稿を執筆し、中国と日本それぞれの国で出版することを目指した。そのため私は、李徳全・馮玉祥夫婦の日本に関連する、あるいは日本の方が興味を示すだろうと思われる数々の出来事やその細部をふりかえる機会を得た。そして李徳全と中国紅十字総会が、中国に残された日本国民や戦犯の帰国のために並々ならぬ努力を払い、それに対して日本国民や政府が心から感謝していたことを、身をもって知ることができたのである。これは日中関係史上、得がたく美しい一頁であると言っても過言ではない。今後の日中関係の発展が、順調であろうと、紆余曲折ある複雑なものになろうと、李徳全の歴史上の功績や人的魅力は両国の民間と政府に銘記され、両国関係の好転を促し、順調に前進させるプラスのエネルギーになるだろう。

私と林先生はこの本の資料収集の期間、元首相の福田康夫先生にお招き頂き、孫文の親友であった梅屋庄吉氏の子孫が経営する日比谷「松本楼」で昼食を共にさせて頂く光栄に浴した。福田元首相はその席上、在任期間中当時の中国国家主席であった胡錦濤との友好協力関係を回顧し、このレストランでかつて胡錦濤主席一行を招待したことがあるのだともおっしゃっていた。我々が『日本難忘李徳全』という本を書こうとしていると紹介したのを聞いて、福田先生は大いなる支持と期待を示してくださった。

本書が我々の願い通りに読者の皆さんのお手元に届いたのは、林振江先生と私が全力を尽くしたためだけではない。ご高齢にもかかわらず取材を快く受けてくださり、当時を追憶してくださった王効賢、郭平坦両先生ほか中国の諸先輩方、そして資料の収集と提供を手伝ってくださった林光江、古市雅子、柿内善弥、新田順一、馬場公彦、王雪萍、宮元健、鄒来君ほかの方々、李徳全の子孫であり本書の製作に貢献してくださった余華心、羅悠真両氏に対し心より感謝申し上げたい。また、朝日新聞社中国総局の古谷浩一総局長にインタビューをして頂き、二〇一六年二月二四日付け「朝日新聞」に本書に関する情報を掲載して頂いたことも大きな反響を呼んだ。この記事を読んだ秋田県大館市花岡鉱山の児玉洋二さんは、李徳全女史が一九五七年、二度目の来日の際に花岡を訪れ、殉職した中国人労働者を慰霊した写真など貴重な資料を送ってくださった。これらみなさんのご協力により、私と林振江先生は寸暇を惜しんで本書の執筆にあたり、本書の内容をより豊富にすることができたと思っている。

最後に、在中国日本国大使館の木寺昌人前大使、山本恭司公使が本書に関心をもってくださったこと、中国社会科学院出版社の李炳青編集者をはじめとする関係者が本書のために奔走してくださったことにも感謝の意を表したい。この本が一日も早く日本語に訳され、日本の読者に手に取って頂けることを願っている。

本書中国語版はカルビー日本研究基金管理委員会・松尾康二委員長の助成により出版することができた。特にここに感謝申し上げる。

二〇一六年五月末　北京積水橋北にて

程麻

■著者紹介

程 麻（てい ま）

本名：程広林。山東省龍口市出身。中国社会科学院文学研究所比較文学研究室研究員（教授）。魯迅をはじめとする中国近現代文学と日本の関係を研究テーマにおきつつ、日本文化を紹介する一般書も出版するなど、著作、訳著多数。主な著作は『溝通与更新：魯迅与日本文学関係発微』、『中国現代散文史小史』、『零距離的日本』『中国風土人情』。主な訳書に『竹内実文集』全10巻、『中国近現代論争年表』、『毛沢東的詩詞、生涯与思想』『美国母女中国情：一個傳教師家族的山東記憶』など。

林 振江（はやし しんこう）

明治大学学長特任補佐、中国北京大学日本研究センター常務理事。北京大学国際関係学院にて国際政治学専攻・法学博士を取得後、明治大学特任教授を経て現職。研究テーマは、首脳外交、日米中関係、国際政治。1980年代より中国に座し、国際シンポジウム、中国・日本研究史叢書の出版などを企画実施。幅広い研究ネットワークを持ち、基礎資料の整備にも注力している。主な著書は『首脳外交』（中国語）。共編著に『グローバル化した中国はどうなるか』、『中国的日本史研究』など。

■訳者紹介

林 光江（はやし みつえ）

東京大学医科学研究所特任教授。北京大学社会学系社会人類学専攻・法学博士。北京大学にて日本研究センター研究員、中国社会発展研究センター研究員、国際関係学院客員教授などを歴任。2005年より現職に就き、中国との感染症共同研究推進を担当。北京在住。著書に『国家・独生子女・児童観』、訳書・共訳書に『竹中平蔵解読日本経済与改革―日本原財相与北大学生面対面』、『日本3・11大地震的啓示―複合型災害与危機管理』など。

古市 雅子（ふるいち まさこ）

北京大学外国語学院副教授。北京大学中国言語文学系比較文学比較文化専攻・文学博士。北京大学日本研究センター研究員、北京大学外国語学院明治大学マンガ図書館閲覧室館長。著書に『満映電影研究』（中国九州出版社）、訳著に『中国文化読本』（中国外研社）など。

■監修者紹介

石川 好（いしかわ よしみ）

1947年東京都大島町（伊豆大島）生まれ。大島高校卒業後、米カリフォルニア州に渡って、長兄の農園で働く。慶應義塾大学法学部卒業後、再渡米。1989年『ストロベリー・ロード』で第20回大宅壮一ノンフィクション賞を受賞。現在は、ノースアジア大学客員教授、山形県酒田市立美術館長などを務める。前「新日中友好21世紀委員会」日本側委員、湖南大学客員教授、日本湖南省友の会共同代表。著書に『湖南省と日本の交流素描—中国を変えた湖南人の底力』、『漫画家たちの「8・15」』など多数。

著者・訳者紹介はP259に掲載。

The Duan Press

李徳全 ——日中国交正常化の「黄金のクサビ」を打ち込んだ中国人女性

2017年9月29日　初版第1刷発行

監　修　石川 好（いしかわ よしみ）

著　者　程　麻（てい ま）

　　　　林 振江（はやし しんこう）

訳　者　林 光江（はやし みつえ）

　　　　古市 雅子（ふるいち まさこ）

発行者　段 景子

発売所　日本僑報社

〒171-0021 東京都豊島区西池袋3-17-15

TEL03-5956-2808　FAX03-5956-2809

info@duan.jp

http://jp.duan.jp

中国研究書店 http://duan.jp

2017 Printed in Japan.　ISBN 978-4-86185-242-8　C0036

永遠の隣人　人民日報に見る日本人

永遠の隣人

書名題字 元内閣総理大臣村山富市先生

日中国交正常化30周年を記念して、人民日報の人物記事を一冊の本にまとめた。中国人記者の眼差しを通し日中友好を考える。

主編　孫東民、于青
監訳　段躍中
訳者　横堀幸絵ほか
定 価　4600円＋税
ISBN　4-931490-46-8

日中友好会館の歩み

「争えば共に傷つき、
相補えば共に栄える」

中曽根康弘元首相 推薦！
唐家璇元国務委員 推薦！

かつての日本、都心の一等地に発生した日中問題を解決の好事例へと昇華させた本質に迫る一冊。

著者　村上立躬
定 価　3800円＋税
ISBN　978-4-86185-198-8

ご注文は、全国の書店、アマゾンなどをご利用いただけます。

トーハン 日販 その他　取次コード：5752

若者が考える「日中の未来」シリーズ

若者が考える「日中の未来」Vol.3

日中外交関係の改善における環境協力の役割

宮本雄二（元中国大使）監修
日本日中関係学会 編
3000円＋税
ISBN 978-4-86185-236-7

Vol.2 **日中経済交流の次世代構想**
2800円＋税
Vol.1 **日中間の多面的な相互理解を求めて**　2500円＋税

中国若者たちの「生の声」シリーズ

訪日中国人、「爆買い」以外にできること

―「おもてなし」日本へ、中国の若者からの提言―
段躍中 編
2000円＋税
ISBN 978-4-86185-229-9

中国人の日本語作文コンクール受賞作品集(第1回～第12回)好評発売中！

華人学術賞受賞作品

中国東南地域の民俗誌的研究

―漢族の葬儀・死後祭祀と墓地―
何彬 著
9800円＋税
ISBN 978-4-86185-157-5

華人学術賞の原稿を募集中です！

日中翻訳学院「武吉塾」の授業を凝縮！

日中中日翻訳必携・実戦編Ⅱ

―脱・翻訳調を目指す訳文のコツ―
武吉次朗 著
1800円＋税
ISBN 978-4-86185-211-4

「実戦編」の第二弾！全36回の課題と訳例・講評で学ぶ

日中中日 翻訳必携・実戦編

―よりよい訳文のテクニック―
武吉次朗 著
1800円＋税
ISBN 978-4-86185-160-5

実戦的な翻訳のエッセンスを課題と訳例・講評で学ぶ

日中中日 翻訳必携

―翻訳の達人が軽妙に明かすノウハウ―
武吉次朗 著
1800円＋税
ISBN 978-4-86185-055-4

古川 裕（中国語教育学会会長・大阪大学教授）推薦のロングセラー

近代中国の代表的な漫画家・散文家・翻訳家、豊子愷《ほうしがい》の児童文学全集 全7巻

【海老名香葉子さん 推薦の言葉】中国児童文学界を代表する豊子愷先生の児童文学全集がこの度、日本で出版されることは誠に喜ばしいことだと思います。溢れでる博愛は子供たちの感性を豊かに育て、やがては平和につながっていくことでしょう。

豊子愷 著
各1500円＋税

ISBN：978-4-86185-190-2　978-4-86185-193-3　978-4-86185-195-7　978-4-86185-192-6　978-4-86185-194-0　978-4-86185-232-9　978-4-86185-191-9

教材・副教材にぴったり、中国研究におすすめ書籍

「言葉や文化」を深く学びたいなら

日中文化DNA解読
心理文化の深層構造の視点から
尚会鵬 著　谷中信一 訳
2600円＋税
ISBN 978-4-86185-225-1

中国人と日本人の違いとは何なのか？文化の根本から理解する日中の違い。

日本語と中国語の落し穴
用例で身につく「日中同字異義語100」
久佐賀義光 著　王達 監修
1900円＋税
ISBN 978-4-86185-177-3

中国語学習者だけでなく一般の方にも漢字への理解が深まり話題も豊富に。

日本の「仕事の鬼」と中国の〈酒鬼〉
漢字を介してみる日本と中国の文化
冨田昌宏 編著
1800円＋税
ISBN 978-4-86185-165-0

ビジネスで、旅行で、宴会で、中国人もあっと言わせる漢字文化の知識を集中講義！

中国漢字を読み解く
～簡体字・ピンインもらくらく～
前田晃 著
1800円＋税
ISBN 978-4-86185-146-9

中国語初心者にとって頭の痛い簡体字をコンパクトにまとめた画期的な「ガイドブック」。

日本語と中国語の妖しい関係
～中国語を変えた日本の英知～
松浦喬二 著
1800円＋税
ISBN 978-4-86185-149-0

「中国語の単語のほとんどが日本製であることを知っていますか？」という問いかけがテーマ。

これからの中国と経済を知るために

SUPER CHINA
- 超大国中国の未来予測 -
胡鞍鋼 著　小森谷玲子 訳
2700円＋税
ISBN 978-4-9909014-0-0

2020年にはGDP倍増という急速な発展、中国は一体どのような大国になろうとしているのか。

必読！今、中国が面白い Vol.10
- 中国が解る60編 -
三潴正道 監訳　而立会 訳
2600円＋税
ISBN 978-4-86185-227-5

最新中国事情がわかる人気シリーズ第10弾！

中国の百年目標を実現する 第13次五カ年計画
胡鞍鋼 著　小森谷玲子 訳
1800円＋税
ISBN 978-4-86185-222-0

中国「国情研究」の第一人者である有力経済学者が読む"中国の将来計画"

中国のグリーン・ニューディール
―「持続可能な発展」を超える緑色発展」戦略とは―
胡鞍鋼 著
石垣優子・佐鳥玲子 訳
2300円＋税
ISBN 978-4-86185-134-6

経済危機からの脱出をめざす中国的実践とは？

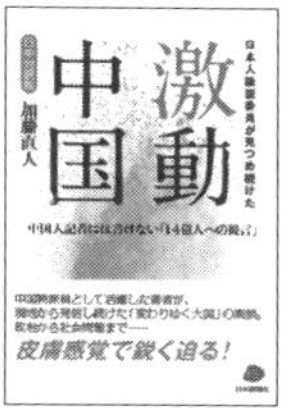

日本人論説委員が見つめ続けた
激動中国
中国人記者には書けない「14億人への提言」
加藤直人 著 〈日中対訳版〉
1900円＋税
ISBN 978-4-86185-234-3

中国特派員として活躍した著者が現地から発信、政治から社会問題まで鋭く迫る！